もやもやを解消！
ドイツ語文法ドリル

辻 朋季
Tomoki TSUJI

SANSHUSHA

はじめに

　「初級文法はやったけれど、まだあやふやな点が多い」「語順や格がもやもやする」「忘れかけたドイツ語をまた学びたい」「入門文法書の次は中級でいいの？」…本書は、こうした悩み・要望にこたえるべく、学習者の目線に沿って作られました。初級文法を一通り終えてステップアップしたいと考えている方、過去に学習経験があるがあやふやな点が多い方、また、拙著『だいたいで楽しいドイツ語入門』を終えて次は「きっちり」学びたい方が主な対象です。

　本書では、ぜひ押さえてほしい30項目を取り上げました。私自身がかつて抱いた疑問や、学習者から寄せられることの多い疑問を取り上げ、これにお答えしていきます。まず「キホンのルール」と「ポイント」で、必要な文法事項を学び、3ページ目の練習問題を通して定着を図ります。さらに、各課の重要項目をまとめた「すっきり」、もっと詳しく知りたい方のための「＋α」もあります。

　ドイツ語を読むときの鍵の1つに、「wo＋前置詞、da＋前置詞（もやもや28）」があります。ここを押さえると、読解力がぐっと高まるはずです。また、会話を重視する方へおすすめなのが、「副詞の用法（もやもや29）」です。「だって～だから」など、微妙なニュアンスを表す心態詞も取り上げました。

　ドイツ語には「ゆるい」部分と「カッチリ」した部分がある、と私は考えています。ゆるいのは、例えば時制。現在形で未来のことを表現できますし、進行形もありません。副詞や現在分詞を学べば、時制はかなりの程度クリアできます。動詞の人称変化や冠詞の格変化など「カッチリ」した部分では、覚えることは多いですが、実はこの「カッチリ」がドイツ語の「わかりやすさ」でもあることが実感できるはずです。

　本書がみなさんの「もやもやを解消」する一助となれば、そしてゆるくてカッチリした「ゆるカチ」なドイツ語の奥深さに触れる機会となれば幸いです。

辻　朋季

ドイツ語文法 ここがもやもやする

動詞
- ich sei
- ich wäre
- ich bin gewesen
- ich war
- ich bin

冠詞
- aus dem
- welcher
- mein
- ein
- der

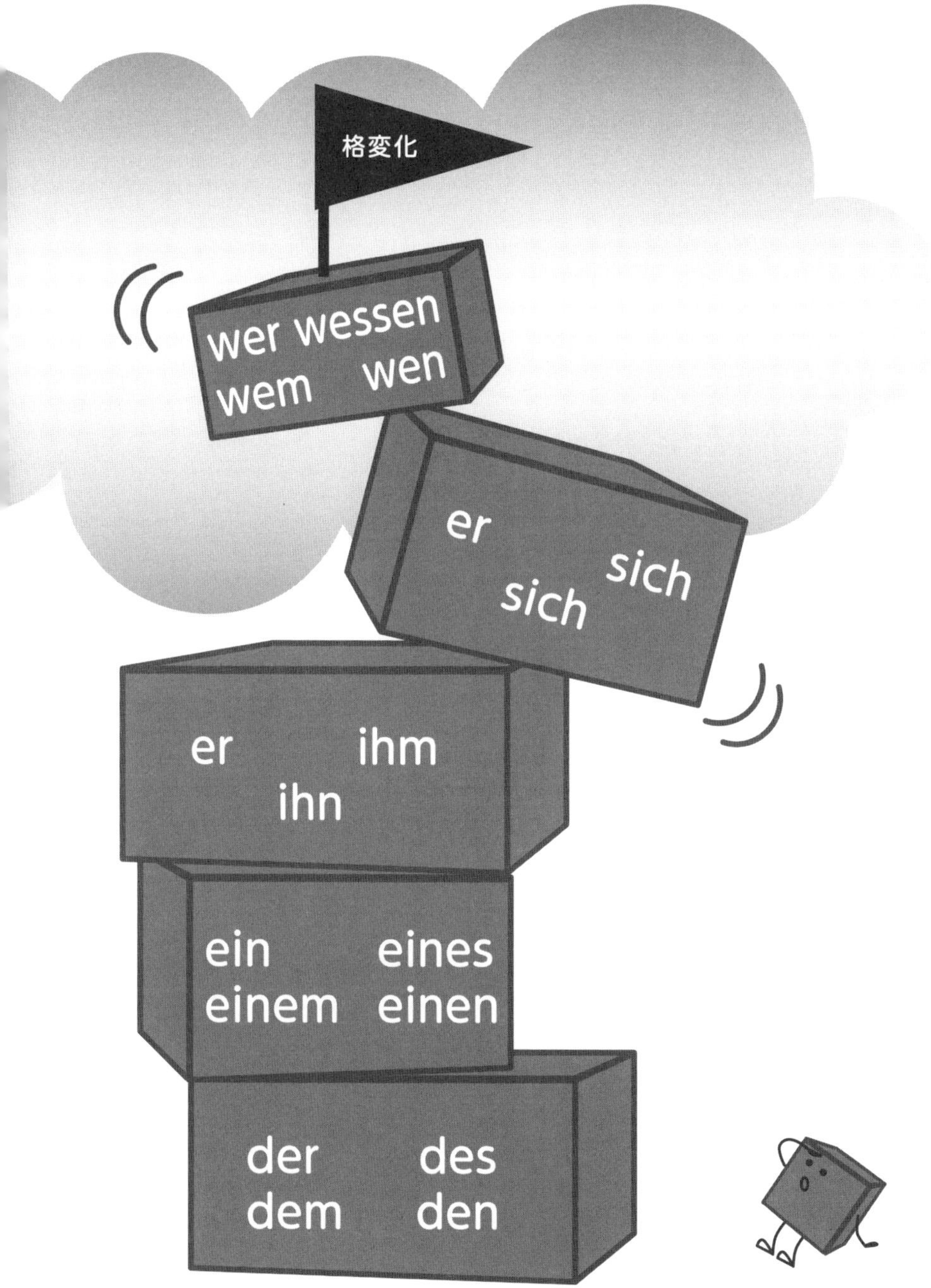
格変化
wer wessen
wem wen
er
sich
sich
er ihm
ihn
ein eines
einem einen
der des
dem den

本書の使い方

本書は、入門文法書を終えたレベルの人が、初級文法の苦手な個所を無理なく習得、次のステップに進めるように配慮しました。

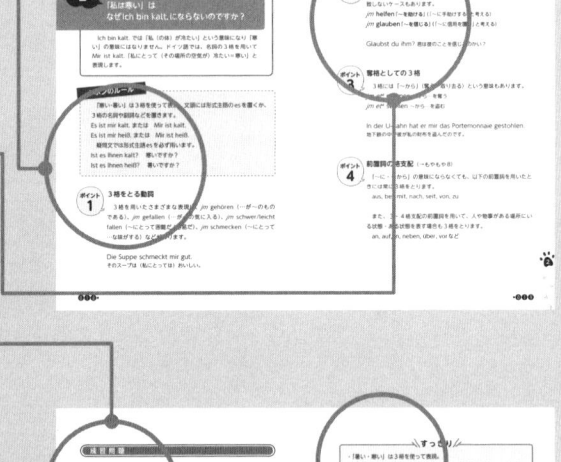

① **「キホンのルール」**
この文法項目で、基本となる知識です。うろ覚えの場合は、しっかり復習しましょう。

② **「ポイント」** この文法項目をより深く理解するためのポイントです。「キホンのルール」の細則、例外などにあたります。

③ **「練習問題」** 前のページの知識を生かして問題を解いてみましょう。解答は巻末にあります。全問解き終わってから見るようにしましょう。

④ **「すっきり」** この文法項目を攻略するための公式、アドバイスをまとめました。

⑤ **「+α」** 練習問題中に含まれる語法などを中心に補足説明しています。表現の幅を広げるのにも有効です。余裕のある人はぜひ活用ください。

＊巻末付録「ドイツ語文法早わかりシート」は、各課の「キホンのルール」「ポイント」をもとに再構成しています。

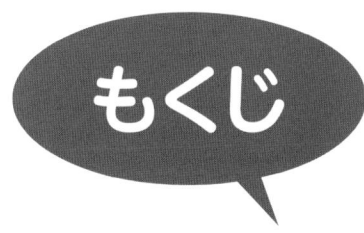

ドイツ語文法ここがもやもやする！	4
本書の使い方	6

第1部　格変化がもやもやする！

1　2格の用法 ……………………………………………………… 14
「子供の玩具」とか「車の修理」の言い方が複雑ですよね…。

2　3格の用法 ……………………………………………………… 18
「私は寒い」はなぜIch bin kalt.にならないのですか？

3　4格の用法 ……………………………………………………… 22
fragenは「〜に質問する」なのになぜ目的語が4格なのですか？

4　再帰代名詞の3格 ……………………………………………… 26
Ich wasche mir.とIch wasche mich.どちらでもいいですか？

5　形容詞 ………………………………………………………… 30
形容詞の語尾が-eか-enでいつも迷います。

6　関係代名詞 34

　ぜんぶwasで受けてもいいですか？

7　男性弱変化名詞 38

　Ich kenne den Studenten. のStudentenは複数形なのでしょうか？

8　前置詞の格支配 42

　3格と4格どちらを使えばいいのかよくわかりません。

9　2格支配の前置詞 46

　wegen des Krieges「戦争のせいで」のdes Kriegsは2格ですか？

第2部　動詞がもやもやする！

10　現在形と現在分詞 52

　ドイツ語には進行形はないのですか？

11　過去分詞の用法 56

　過去分詞はどんなときに使いますか？

12 再帰動詞の用法 ... 60
再帰動詞と助動詞を組み合わせたらどういう語順になりますか？

13 受動態 ... 64
主語のない受け身の文があるのですが問題ないですか？

14 使役の助動詞 lassen, 知覚動詞 sehen と hören ... 68
「散髪をする」はドイツ語でどう表現するのでしょうか？

15 話法の助動詞の過去形・現在完了形 ... 72
「～しなくてはならなかった」は現在完了形でも表現できるの？

16 zu不定詞 ... 76
「このチームでプレーできることはうれしい」はどう表現しますか？

17 受け身の現在完了 ... 80
受け身の文を現在完了にすることはできるのですか？

18 接続法Ⅱ式 ... 84
「もしも～なら」など仮定を表現するにはどうしたらいいですか？

19 接続法Ⅰ式 ... 88
könne という語が文中にあったのですが、kann の間違いなのでは？

第3部　冠詞、代名詞…まだまだもやもやする！

20 定冠詞と不定冠詞 94
　　derとeinはどう使い分けるのですか？

21 定冠詞類 98
　　welcher, jeder…また格変化を覚えないといけないんですか？

22 nichtの用法 102
　　nichtをどこに入れればいいか、よくわかりません。

23 keinの用法 106
　　「お腹は空いていません」はIch habe nicht Hunger.になりますか？

24 指示代名詞das 110
　　dasの後に名詞がありませんが何を指すのでしょう？

25 単数形と複数形 114
　　「ビール2つ」はzwei Biereでいいですか？

26 所有冠詞の用法 118
　　sein Vater「彼のお父さん」は2格じゃないの？

27 比較級と最上級 ……………………………………………… 122
「もっといい方法」や「一番高い山」はどう表現したらいいですか？

28 wo＋前置詞、da＋前置詞 …………………………………… 126
darüberやworüberを使いこなせません。

29 副詞の用法 …………………………………………………… 130
schonを「もう」と訳すと意味が通らないのですが…。

30 人称代名詞 …………………………………………………… 134
3格・4格の人称代名詞の語順がわかりません。

練習問題の解答 ……………………………………………………… 138
ドイツ語文法早わかりシート ……………………………………… 144
格変化のまとめ ……………………………………………………… 158

用語について

jm：人の3格（「～（人）に」に相当）
jn：人の4格（「～（人）を」に相当）
＊それぞれ、人を表す名詞や人称代名詞が入ります。

*et*⁴：事物の4格（「～（物）を」に相当）
＊事物を表す名詞や人称代名詞が入ります。

*sich*³：再帰代名詞の3格
*sich*⁴：再帰代名詞の4格

自動詞：4格の目的語がなくても文が成り立つ動詞
他動詞：4格の目的語を必要とする動詞

副詞的用法：形容詞が動詞や形容詞にかかること
付加語的用法：形容詞が名詞にかかること

第 1 部

格変化が もやもやする！

　格変化は、ドイツ語を学ぶうえでもっとも厄介なことの1つです。しかし、ここをきっちり使いこなせるようになると、ドイツ語を理解する大きな武器となるでしょう。

もやもや 1 2格の用法

「子供の玩具」とか「車の修理」の言い方が複雑ですよね…。

ドイツ語では「〜の」を後ろから前にかけます。「その車の修理」なら、「修理—その車の」のように語順をひっくり返して考えるとわかりやすいでしょう。「〜の」にあたる部分を2格で表現します。

キホンのルール

玩具——その子供の　　　修理——その車の
das Spielzeug **des Kindes**　die Reparatur **des Autos**

	男性	女性	中性	複数
定冠詞の2格	des -----s	der -----	des -----es	der -----
不定冠詞の2格	eines -----s	einer -----	eines-----s	
所有冠詞の2格	meines -----s	meiner -----	meines-----s	meiner -----

(所有冠詞mein「私の」の「の」は2格ではないので注意：→もやもや26)

 冠詞の変化に注意

2格が修飾する名詞につく冠詞も、性・数・格に応じて変化します。

Der Chef **der** Firma kommt aus Kassel.
その会社の社長**は**カッセル出身だ。
Ich kenne **den** Chef **der** Firma.
私はその会社の社長**を**知っている。

固有名詞の2格

固有名詞の2格は、固有名詞+sで表現し、前からも後ろからも名詞にかけることができます。ただし、sやzで終わる固有名詞の2格では、2格を示す「'」だけをつけます（発音は変化しない）。

日本 Japan →日本の Japans
太郎 Taro →太郎の Taros
トビアス Tobias →トビアスの Tobias'

Pauls Vater arbeitet als Ingenieur.
パウルの父は技術者として働いている。
Bonn war früher die Hauptstadt **Westdeutschlands**.
ボンはかつて西ドイツの首都だった。

2格の熟語表現

名詞の2格が独立して熟語的に用いられることもあります。

meines Erachtens（m.E.とも略される）（私の考えでは）

Die Erklärung des Beamten ist **meines Erachtens** nicht ganz konsequent.
その官僚の説明は、私の考えでは論理がきちんとしているとは言えない。

guter/schlechter Laune sein（機嫌がいい／悪い）

Er ist heute **schlechter Laune**.
彼は今日、機嫌が悪い。

練習問題

[　] 内の語句を2格にして (　　) 内に入れてみよう。

❶ Die Atmosphäre (　　　　) gefällt mir sehr.　　　[das Café]
そのカフェの雰囲気が私はとても気に入っている。

❷ Ich finde den Unterricht (　　　　) ganz toll.　　[die Lehrerin]
私はその（女性の）先生の授業を素晴らしいと思う。

❸ Er ignoriert den Rat (　　　　).　　　　　　　　[seine Mutter]
彼は（彼の）母の助言を無視している。

❹ Sie freut sich über das Geschenk (　　　　).　　　[ihr Freund]
彼女はボーイフレンドのプレゼントを喜んでいる。

❺ Die Kritik (　　　　) machte den Redner sauer.　[ein Publikum]
1人の聴衆の批判が、講演者を怒らせた。

❻ Nach dem Ende (　　　　) hatten wir endlich Freiheit. [der Krieg]
戦争の後で、私たちはようやく自由を手に入れた。

❼ Für die Herstellung (　　　　) braucht man gut zwei Monate.
1台のバイオリンを作るのに2カ月はかかる。　　　　　[eine Geige]

❽ Die Pleite (　　　　) hat einen negativen Einfluss auf ganz Japan.
そ の 銀 行 の 倒 産 は 日 本 中 に 悪 影 響 を 及 ぼ す 。　　[die Bank]

❾ Die Ursache (　　　　) ist immer noch unklar.　　[der Unfall]
事故の原因はまだ明らかになっていない。

❿ Der dritte Oktober ist der Tag (　　　　) Deutschlands.
10月3日はドイツ再統一の日だ。　　　　　　[die Wiedervereinigung]

すっきり

- 2格は基本的に後ろから前にかける。
- 冠詞を伴わない固有名詞は前からも後ろからもかけられる。

+α 疑問代名詞werの2格：wessen「誰の〜？」

ものの所有者をたずねる際に、Wem gehört 〜? のほかに、Wessen + 名詞? を使うこともできます。

Wessen Mantel ist das?
これは誰のコートですか？
＊Wem gehört der Mantel? と同じ意味

もやもや 2　3格の用法

「私は寒い」はなぜIch bin kalt.にならないのですか？

Ich bin kalt. では「私（の体）が冷たい」という意味になり「寒い」の意味にはなりません。ドイツ語では、名詞の3格を用いて Mir ist kalt.「私にとって（その場所の空気が）冷たい＝寒い」と表現します。

キホンのルール

「寒い・暑い」は3格を使って表現。文頭には形式主語のesを置くか、3格の名詞や副詞などを置きます。
Es ist mir kalt. または　Mir ist kalt.
Es ist mir heiß. または　Mir ist heiß.
　疑問文では形式主語esを必ず用います。
Ist es Ihnen kalt?　寒いですか？
Ist es Ihnen heiß?　暑いですか？

ポイント1　3格をとる動詞

3格を用いたさまざまな表現に、*jm* gehören（…が〜のものである）、*jm* gefallen（…が〜の気に入る）、*jm* schwer/leicht fallen（〜にとって困難だ/容易だ）、*jm* schmecken（〜にとって…な味がする）などがあります。

Die Suppe schmeckt mir gut.
そのスープは（私にとっては）おいしい。

格を間違いやすい動詞

3格は基本的には日本語の「〜に」に相当するものの、これに合致しないケースもあります。
jm **helfen**「〜を助ける」(「〜に手助けする」と考える)
jm **glauben**「〜を信じる」(「〜に信用を置く」と考える)

Glaubst du ihm? 君は彼のことを信じるのかい？

奪格としての3格

3格には「〜から」（奪う・取り去る）という意味もあります。
jm et⁴ **nehmen** 〜から…を奪う
jm et⁴ **stehlen** 〜から…を盗む

In der U-Bahn hat er mir das Portemonnaie gestohlen.
地下鉄の中で彼が私の財布を盗んだのです。

前置詞の格支配 （→もやもや8）

「〜に・〜から」の意味にならなくても、以下の前置詞を用いたときには常に3格をとります。
　　aus, bei, mit, nach, seit, von, zu

また、3・4格支配の前置詞を用いて、人や物事がある場所にいる状態・ある状態を表す場合も3格をとります。
　　an, auf, in, neben, über, vor など

練習問題

[ ] 内の語句を3格にして、( ) 内に入れてみよう。

❶ Hier ist ( ) ein bisschen kalt, aber ( ) ist eher heiß.
ここは私にはやや寒いが、彼にはむしろ暑い。 [ich, er]

❷ Wie gefällt ( ) unser Hotelzimmer? - Es gefällt ( ) sehr.
[Sie, wir]
「私どもの客室をあなた方はどうお感じになりますか？」「それは私たちのとても気に入っています」

❸ Frau Stein gefällt ( ) nicht so gut. [ihre Chefin]
シュタインさんは彼女の上司（女性）にあまり気に入られていない。

❹ ( ) gehört die Mütze? Gehört sie ( )? [wer, du]
- Nein, sie gehört ( ). [mein Bruder]
「この帽子は誰のだい？　君のかい？」「いや、僕の弟のものだよ」

❺ Der Diktator nahm ( ) die Freiheit. [die Bürger]
独裁者は市民から自由を奪った。

❻ Ich kann ( ) nicht mehr glauben. [die Politiker]
私はその政治家たちの言うことをもはや信用できない。

❼ Johann und Ulrich, schmeckt ( ) der Leberkäs? [ihr]
ヨハンとウルリッヒ、そのレバーケーゼはおいしいかい？

すっきり

- 「暑い・寒い」は3格を使って表現。
- 動詞gehören, gefallenでは、「物・事」を主語（1格）に、人を3格目的語にする。それぞれ「～に属する、～にとってお気に入りだ」と覚える。
- 3格には「～に」のほかに、「～から（奪う）」の意味もある。

+α　3格支配の動詞を用いた疑問文

　gehören、gefallen、schmeckenなど3格支配の動詞を用いた疑問文では、主語が一般名詞で3格目的語が人称代名詞の場合、語順を「**動詞＋3格目的語＋主語？**」「**疑問詞＋動詞＋3格目的語＋主語？**」にすることもできます。

Der Anzug gehört ihm.
→ Gehört **ihm** der Anzug? / Gehört der Anzug ihm?
その背広は彼のものですか？

Der Rock gefällt ihr gut.
→ Wie gefällt **ihr** der Rock? / Wie gefällt der Rock ihr?
そのスカートは彼女にとってどうですか？

もやもや 3　4格の用法

fragenは「〜に質問する」なのに なぜ目的語が4格なのですか？

ドイツ語の1格から4格は必ずしも日本語の「が・の・に・を」に対応しません。日本語では格助詞に「に」を伴っても、ドイツ語では4格の直接目的語を伴う動詞もあり、fragenもその1つです。

キホンのルール

4格とは「他動詞の目的格」のこと。辞書に「他」あるいはt（transitiv: 他動詞の）と書かれた動詞の目的語は4格になります。他動詞は必ず4格の目的語を伴います。
× Ich kaufe heute. 今日私は買う。（←目的語のない文は成立しない）
○ Ich kaufe heute ein T-Shirt. 今日私はTシャツを1枚買う。

4格をとる動詞

anrufen（電話する）は「〜を電話で呼ぶ」、fragen（質問する）は「〜を問いただす」と覚えるといいでしょう。いずれも4格の目的語を必要とします。

Ich **rufe** Sie heute Abend **an**.
私は今晩、あなたに電話しますね。

Darf ich Sie etwas **fragen**?
あなたに質問してもよろしいですか？

時を表す副詞句は4格

「今週末」や「毎月」、「来年」など時を表す方法は2つあります。1つは「前置詞（an, inなど）＋名詞の3格」、もう1つが「名詞の4格」の形「時を表す副詞句」です。

	前置詞＋3格	4格
今週末	an diesem Wochenende	dieses Wochenende
毎月	in jedem Monat	jeden Monat
来年	im nächsten Jahr	nächstes Jahr

be- がつく動詞

非分離前綴りのbe-がつく動詞は、日本語で「〜に」と訳すものであっても必ず4格の目的語を伴います。

besiegen（〜に勝つ）
begrüßen（〜にあいさつする）
berechtigen（〜に権利・資格を与える）

Ich begrüße **Sie** recht herzlich.
皆様に心よりごあいさつ申し上げます。

練習問題

[ ] 内の語句を4格の形にして（ ）に入れてみよう。

❶ Wie findest du (　　　　)? – Ich finde (　　　) zu bunt.
[der Schal, er]
「このマフラーをどう思う？」「ちょっとカラフルすぎると思うわ」

❷ Für (　　　) kaufen Sie (　　　　)?　　　　[wer, die Pfeife]
- Ich kaufe (　　　　) für (　　　　).　　[sie, mein Großvater]
「あなたはそのパイプを誰のために買うのですか？」
「私はそれを祖父のために買います」

❸ Heute arbeitet er (　　　　　) im Keller.　　　[der ganze Tag]
今日彼は一日中地下室で仕事をしている。

❹ (　　　　) mache ich (　　　　　) nach Deutschland.
来月私はドイツ出張をします。　　[nächster Monat, eine Dienstreise]

❺ Ich frage (　　　　), ob ich mir heute Nachmittag frei nehmen darf.
[mein Chef]
今日の午後休みを取っていいか、上司に聞いてみるよ。

❻ Die Rede des Professors hat (　　　　　) beeinflusst.
その教授の講演が私の将来に影響を及ぼした。　　　[meine Zukunft]

❼ Mein Vater hat (　　　　) gefragt „Wo warst du denn?"
「いったいどこに行ってたんだ？」父は私にたずねた。　　　[ich]

すっきり

- 日本語では「～に」と訳すものでも、他動詞の目的語は4格になる。
- 時を表す副詞句も4格で表現する。
- 4格支配の前置詞句を伴う場合も4格にする。

+α　自動詞の他動詞化

前置詞を伴って用いられる自動詞の中には、be- をつけて他動詞にできるものもあります。

auf/in ＋ 4格 ＋ steigen → besteigen（～に上る、～に乗り込む）
auf/in ＋ 4格 ＋ treten → betreten （～に入る）
an/auf ＋ 4格 ＋ malen → bemalen（～に絵を描く）
über ＋ 4格 ＋ sprechen → besprechen（～について話す）
über ＋ 4格 ＋ streiten → bestreiten（～について争う・異議を唱える）

Sie tritt auf die Bühne.
→ Sie betritt die Bühne.
彼女は舞台に上がる。

もやもや 4 　再帰代名詞の3格

Ich wasche mir. と Ich wasche mich. どちらでもいいですか？

3格と4格で意味が異なります。「自らを〜させる＝自分が〜する」を表すのが再帰動詞で、その目的語となるのが再帰代名詞です。再帰動詞には、3格と4格の再帰代名詞を目的語にとるものがあります。

キホンのルール

1格	ich	du	er/sie/es	wir	ihr	sie	Sie
3格	mir	dir	sich	uns	euch	sich	sich
4格	mich	dich	sich	uns	euch	sich	sich

主語が1人称（話者本人）・2人称（話し相手）であれば、再帰代名詞は人称代名詞と同じ形ですが、3人称の場合は「彼自身・彼女自身」が目的語であることを表すsichを用います。

再帰代名詞の3格

辞書にsich³とある動詞は、再帰代名詞の3格とともに用いられます。

・sich³ 〜 kaufen「（自分用に）〜を買う」
Kaufst du **dir** das Hemd?
君は（自分用に）そのシャツを買うの？

- sich³ Notizen machen「(自分のために) メモを取る」
Ich mache **mir** Notizen, um den Inhalt seiner Rede nicht zu vergessen.
彼の講演の内容を忘れないよう、私はメモを取っている。

- sich³ ～ vorstellen「～を (自分に対し) 想像させる＝(自分が)～を想像する、思い浮かべる」
Ich stelle **mir** oft meine Zukunft vor.
私はよく自分の将来を想像する。

ポイント2 「手を洗う」「歯を磨く」も3格

自分の体の部位に対する行為を表す場合にも、再帰代名詞の3格が用いられます。

再帰動詞の3格＋体の部位 (4格) ＋再帰動詞

- sich³ das Haar waschen「自分に向けて髪を洗う＝自分の髪を洗う」

これに対し、再帰代名詞の4格を用いたsich⁴ waschenは、主語自身が目的語となるので、「自分自身を洗う＝自分の体を洗う」という意味になります。

Ich wasche **mir** die Hände. 私は (自分の) 両手を洗う。
(Ich wasche meine Hände. とは言わない)
Ich wasche **mich** sorgfältig. 私は自分の体を念入りに洗う。

- sich³ die Zähne putzen「(自分の) 歯を磨く」
Peter, putz **dir** die Zähne!
ペーター、歯を磨きなさい。

練習問題

( ) 内に適切な再帰代名詞を入れてみよう。

❶ Wenn ich nach Hause komme, wasche ich (　　) die Hände.
私は家に帰ってくると手を洗う。

❷ Stell (　　) mal vor, wie schwer es ist, vier Kinder alleine zu erziehen.（duに対する命令）
一人で4人の子供を育てるのがどんなに大変かを想像してみてくれよ。

❸ Man muss (　　) die Zähne putzen, bevor man ins Bett geht.
寝る前には歯を磨かなくてはいけません。

❹ Wenn Sie (　　) Notizen machen möchten, leihe ich Ihnen meinen Stift.
もしあなたがメモをお取りになりたいなら、私のペンを貸しますよ。

❺ Paula, du musst (　　) keine Sorgen machen. Du schaffst das bestimmt.
パウラ、心配はいらないよ。君は（それを）きっと成し遂げられるから。

❻ Ab und zu mache ich (　　) Gedanken über meine alten Eltern.
時々私は年老いた両親のことを心配する。

❼ Was kauft ihr (　　) im Kaufhaus?
君たちはデパートで何を買うの？

❽ Jeden Tag waschen wir (　　) das Haar.
私たちは毎日洗髪をします。

> **すっきり**
>
> ・再帰代名詞には3格と4格がある。再帰動詞によっては、3格と4格のいずれも目的語にできるものもあり、意味も変わってくる。
> ・3格・4格のいずれの再帰代名詞も、主語自身に行為の対象が向かうことを表すので、1人称・2人称（敬称のSieを除く）では人称代名詞と同形に、3人称と親称のSieではsichにする。

+α 3格の再帰代名詞を用いた表現

sich³ an et³ erfreuen（～を楽しむ）
Von der Terrasse kann man **sich** an einem schönen Blick auf den See erfreuen.
テラスからは湖の美しい景色を楽しむことができます。

sich³ et⁴ ansehen（～をじっくり見る）
Was siehst du **dir** an?
何を見ているの？

sich³ Gedanken über et⁴ machen（～のことをあれこれ考える、心配する）
Darüber haben wir **uns** keine Gedanken gemacht.
そんなこと私たちは考えたこともなかったよ。

sich³ überlegen（～について考える）
Ich überlege **mir**, ob ich doch zur Party gehe.
やっぱりパーティーに行こうか、私は考え中である。

もやもや 5 形容詞

形容詞の語尾が-eか-enでいつも迷います。

定冠詞・不定冠詞を伴う場合、男性の2〜4格、女性・中性の2・3格、複数の1〜4格ではすべて-enになります。それ以外の場合は、名詞の性に応じて-er, -e, -esなどの語尾がつきます。

キホンのルール

・定冠詞＋形容詞＋名詞の場合の語尾変化

	男性	女性	中性	複数
1格	-e	-e	-e	-en
2格	-en	-en	-en	-en
3格	-en	-en	-en	-en
4格	-en	-e	-e	-en

・不定冠詞＋形容詞＋名詞の場合の語尾変化

	男性	女性	中性	複数
1格	-er	-e	-es	-en
2格	-en	-en	-en	-en
3格	-en	-en	-en	-en
4格	-en	-e	-es	-en

キーはカギ

・定冠詞類とともに用いられる場合：

単数1格と女性・中性の4格 　　　→ **-e**

それ以外 　　　　　　　　　　　→ **-en**（左表の鍵の部分）

・不定冠詞とともに用いられる場合：

男性1格 → -er、女性1・4格 → -e、中性1・4格 → -es

それ以外 　　　　　　　　　　　→ **-en**（左表の鍵の部分）

Der neu**e** Fernseher ist dünn und leicht.
その新しいテレビは薄くて軽い。
Wollen wir eine klein**e** Pause machen?
ちょっとした休憩をしましょうか？

無冠詞＋形容詞

　無冠詞の名詞にも形容詞をつけることができます。この場合、名詞の性や格を表す冠詞類に代わって形容詞の語尾が冠詞に似た変化をするため、語尾変化は以下のようになります。

	男性	女性	中性	複数
1格	-er	-e	-es	-e
2格	-en	-er	-en	-er
3格	-em	-er	-em	-en
4格	-en	-e	-es	-e

Auf dem Markt verkauft man frisch**es** Obst.
市場では新鮮な果物を売っている。

練習問題

[　]の形容詞を使って文を完成させましょう。

❶ Die (　　) Wohnung gefällt meiner Frau nicht.　[neu, f Wohnung]
その新しい住居は私の妻の気に入っていない。

❷ Am (　　　) August fahre ich nach Brüssel. [zwanzigst, m August]
8月20日に私はブリュッセルに行きます。

❸ Ich habe Ihnen ein (　　　) Geschenk mitgebracht.
[klein, n Geschenk]
私はあなたにちょっとしたプレゼントをお持ちしました。

❹ In Yamagata werden (　　　) Kirschen angebaut.
[lecker, pl Kirschen]
山形ではおいしいサクランボが栽培されています。

❺ Die Vorlesung findet im (　　　) Hörsaal statt.　[groß, m Saal]
その講義は大講堂で開かれます。

❻ Wie findest du die (　　　) Jacke?　　　　[grau, f Jacke]
そのグレーのジャケットをどう思う？

❼ Es ist nicht üblich, in (　　　) Restaurants (　　　) Bier zu bekommen.　　[deutsch, pl Restaurants, kalt, n Bier]
ドイツのレストランで冷たいビールが手に入ることはあまりない。

❽ Im Rheinland wird sehr (　　) Wein hergestellt.　[gut, m Wein]
ライン川地方ではとても良質なワインが生産されている。

すっきり

- 鍵の中では -en。
- 鍵の外では：　定冠詞では、すべて -e
　　　　　　　不定冠詞では、男性 -er、女性 -e、中性 -es
- 無冠詞のときは、形容詞の語尾が冠詞の代わりと考える。

+α　　　　　変わるドイツ人

　「ドイツ人」という単語は、形容詞 deutsch を名詞化して作ります。そのため、「1人のドイツ人男性」や「そのドイツ人女性」など、冠詞の有無や種類、性・数・格によって語尾が変化します。

der Deutsche　　　die Deutsche
des Deutschen　　 der Deutschen
dem Deutschen　　der Deutschen
den Deutschen　　 die Deutsche
（複数形は die Deutschen）

ein Deutscher　　　eine Deutsche　　　Deutsche
eines Deutschen　　einer Deutschen　　Deutscher
einem Deutschen　 einer Deutschen　　Deutschen
einen Deutschen　　eine Deutsche　　　Deutsche

　また、形容詞に語尾 -es をつけて名詞化すると「〜なもの・こと」という意味になります。会話ではよく、was / etwas を伴って「何か〜なもの」「ちょっと〜なこと」と表現します。
neu → Neues（新しいもの・こと）、schön → Schönes（いいもの・いいこと）

Gibt es etwas Neues bei dir?
君のもとで何か新しいことはあったの？

もやもや 6 関係代名詞

ぜんぶwasで受けてもいいですか？

英語のthat, whichと違い、wasは特定の事物を受けることができません。名詞を説明する場合は、derやdenなどの定関係代名詞を、不特定の人や事物を説明する場合は、werやwasなどの不定関係代名詞を用います。

キホンのルール

関係代名詞において大切なことは、次の4点です。
①先行詞（関係代名詞のもとになる名詞）の性と数
②**関係文中での関係代名詞の格**（関係代名詞が関係文においてどんな役割を果たしているか、主語＝1格か、直接目的語＝4格か、など）
③関係文は副文にする（動詞を後置する）
④関係文はコンマで区切る

定関係代名詞

	男性	女性	中性	複数
1格	der	die	das	die
2格	dessen	deren	dessen	deren
3格	dem	der	dem	denen
4格	den	die	das	die

ポイント 1 「先行詞の格＝関係代名詞の関係文中での格」ではない

先行詞と関係代名詞の関係文中での格は異なってもいいです。

Der Kuchen, **den** er selber gebacken hat, war sehr lecker. を2文に分けると…

A **Der Kuchen** war sehr lecker. **そのケーキは**とてもおいしかった。
B Er hat **den Kuchen** selber gebacken. 彼は**そのケーキを**自分で焼いた。

A B で、Kuchen の格が異なることがわかります。B を関係文にする場合、先行詞は Kuchen で男性名詞単数、関係文中では4格（そのケーキを）なので den を用います。完了の助動詞は後置します。

Er ⸂hat⸃ **den Kuchen** selber gebacken.
→ **den** er selber gebacken ⸂hat⸃

コンマを用いて der Kuchen の後に挿入すると以下の通りです。

Der Kuchen, **den** er selber gebacken hat, war sehr lecker.
彼が自分で焼いたそのケーキはおいしかった。

ポイント2 不定関係代名詞の was の用法

was は、不特定の事物を受ける関係代名詞です。

> das, was ～：～であるところのもの　alles, was ～：～であるものすべて
> etwas, was ～：～である何か　nichts, was ～：～なものは何もない
> ＊いずれも1格と4格において用いられる

Alles, was ich für die Reise nach Deutschland brauche, ist schon im Koffer.
私がドイツ旅行に必要なものすべてがすでにスーツケースに入っている。

Ich bringe euch etwas, was man in der Kaffeepause naschen kann.
君たちの所に、何かコーヒーブレークの際につまめるものを持っていくよ。

> 練習問題

（　）に定関係代名詞、不定関係代名詞 was を入れてみよう。

❶ Bring den Abfall in die Mülltonne, (　　) draußen auf der Straße steht.
そのゴミを、通りに置かれているゴミ収集容器に持って行ってくれ。

❷ Der Staubsauger, (　　) mein Sohn im Internet gekauft hat, funktioniert gut.
私の息子がインターネットで購入したその掃除機はものがいい。

❸ Im Fernsehen gibt es nichts, (　　) ich sehen möchte.
テレビには、私が見たいものが何もない。

❹ Im Möbelgeschäft, in (　　) wir oft einkaufen, gibt es immer Sonderangebote.
私たちがよく買い物をする家具屋には、いつも特売品がある。

❺ Der Tischler, bei (　　) wir die Möbel reparieren lassen, wird bald 80.
私たちが家具を修理してもらっているその家具職人はもうすぐ80歳になる。

❻ Das Bücherregal, (　　) im Flur steht, brauchen wir nicht mehr.
廊下に置いてあるその書棚はもう必要ない。

❼ Die Dame, (　　) das schwarze Abendkleid gut steht, hat sich kurz verbeugt.
黒いイブニングドレスがよく似合っているその婦人が軽く会釈した。

❽ Den Brief, (　　) Absender unbekannt ist, nahm er nicht an.
差出人が不明のその手紙を彼は受け取らなかった。

すっきり

関係代名詞を用いる際に重要な4つのポイント
①先行詞の性と数に注目。
②関係文中での関係代名詞の格に注目。
③関係文は副文。
④関係文はコンマで区切る。

+α 不定関係代名詞のwer

「〜するところの人」を表し、関係文中での格に応じて、1格wer、2格wessen、3格wem、4格wenと変化します。主文において対応する名詞は、1格der、2格dessen、3格dem、4格denです。

Wer mich gut versteht, den kann ich auch gut verstehen.
私のことをよく理解している人、その人を私もよく理解できるだろう。

Wessen Verstand scharf ist, mit dem möchte ich zusammenarbeiten.
頭脳が明晰である人、その人と私は一緒に仕事したい。

Wem unser Service nicht gefällt, dem möchten wir die Gebühr zurückerstatten.
私どものサービスがお気に召さなかった方、その方には料金をお返しいたします。

Wen alle Leute vermissen, der ist im Bereich der Politik erwünscht.
その人がいないと困るとみんなが思うような人、そういう人が政治の世界で求められている。

もやもや 7 　男性弱変化名詞

Ich kenne den Studenten. の Studenten は複数形なのでしょうか？

　一部の男性名詞は、1格以外で-nとなる変化をするものがあります。Studentもその1つで、このden Studentenは複数ではなく、男性名詞Student（単数形）の語尾が変化したものです。

キホンのルール

　一部の男性名詞では、2格から4格において語尾に-nや-enがつきます（男性弱変化名詞）。Studentもその1つで、次のように変化します。

1格	der Student
2格	des Studenten
3格	dem Studenten
4格	den Studenten

＊Studentの複数形もStudentenで、形だけでは単数か複数かを区別できませんが、冠詞の変化で違いを見分けられます（男性単数4格ならden Studenten、複数4格ならdie Studenten）

ポイント1 名詞の語尾が変化するとき

ドイツ語では基本的に冠詞の変化によって格を表すため、名詞そのものが変化することはあまりありませんが、以下の場合には名詞の語尾が少し変化します。

① 男性2格と中性2格において、名詞の語尾に-sまたは-esがつく場合
② 複数3格において、名詞の語尾に-nがつく場合
③ 男性弱変化名詞の2格、3格、4格において、語尾に-nまたは-enがつく場合

ポイント2 主な男性弱変化名詞

「男性弱変化」という名の通り、2～4格で語尾に-n/-enがつくのはいずれも一部の**男性名詞**に限られます。また、ほかの男性名詞には通常、2格においては名詞の語尾に-sまたは-eがつきますが、男性弱変化名詞においては一部の例外を除き語尾は-n/-enになります。

	同僚	警官	紳士	名前
1格	der Kollege	der Polizist	der Herr	der Name
2格	des Kollegen	des Polizisten	des Herrn	des Namens
3格	dem Kollegen	dem Polizisten	dem Herrn	dem Namen
4格	den Kollegen	den Polizisten	den Herrn	den Namen

＊Nameの2格では例外的に弱変化したNamenに男性2格のsがつく

練習問題

[　] 内の語句を適切な形にして (　) に入れてみよう。

❶ Kennst du (　　　　) dieses Schauspielers?　　　[der Name]
　君はこの俳優さんの名前を知っているかい？

❷ Der Chef beschäftigt jetzt (　　　　).　　　[ein Praktikant]
　その社長は現在、1人の実習生を雇っている。

❸ Das Handy (　　　　) ist ganz neu.　　　[der Junge]
　その少年の携帯電話はとても新しい。

❹ Arbeitest du gut mit (　　　　) zusammen?　　　[dein Kollege]
　君は同僚とうまくやっているのかい？

❺ Die Beratung (　　　　) hat uns sehr geholfen.　　　[der Jurist]
　その法律家の助言が私たちを大いに助けてくれた。
　　＊helfen は3格支配

❻ Er fragt (　　　　) nach dem Weg zum Bahnhof.　　　[ein Passant]
　彼は1人の通行人に駅への道順をたずねる。
　　＊人（4格）nach + 3格 fragen　～に…をたずねる

❼ Heute Nachmittag besuche ich (　　　　) Weber.　　　[m Herr]
　今日の午後、私はヴェーバー氏のもとを訪ねます。

すっきり

・男性弱変化名詞では、2格〜4格において語尾が-n / -enに変化。
・弱変化形は複数形と同形になることが多いので注意。

+α 心変わりとキリストの変身？

男性弱変化名詞のほかにも、不規則変化をする名詞がいくつかあります。

例えばdas Herz（胸、心）は次のように変化します。

	単数	複数
1	das Herz	die Herzen
2	des Herzens	der Herzen
3	dem Herzen	den Herzen
4	das Herz	die Herzen

また、名詞そのものを語尾変化させて格を表していたラテン語の名残で、例外的に「イエス・キリスト」（1格はJesus Christus）は以下のように格変化します。

1格　Jesus Christus
2格　Jesu Christi
3格　Jesu Christo
4格　Jesum Christum

Der Karfreitag gilt als der Todestag Jesu Christi.
聖金曜日はイエス・キリストの死んだ日とされています。
＊als 〜 gelten 〜とされている

もやもや 8　前置詞の格支配

3格と4格どちらを使えばいいのかよくわかりません。

　3・4格をとる前置詞は、その場所で動作が行われる（3格）のか、その場所に向けて動作が行われる（4格）のかによって用いる格が異なります。

キホンのルール

3・4格をとる前置詞
- 主語が前置詞の示す場所・位置に「ある・いる」状態
  主語がその場所・位置おいて動作を行っている場合 }→3格
- 主語の動作が前置詞の示す場所・位置へ向かう場合　　→4格

ポイント1　主な3・4格支配の前置詞（ぜんぶで9つ）

an（〜に面した・〜のそば）、auf（〜の上：接している）
hinter（〜の後ろ、裏）、in（〜の中）、neben（〜の隣）
über（〜の上方：接していない）、unter（〜の下・下方）
vor（〜の前・前方）、zwischen（〜の間）

ポイント2　3格支配

　主語が前置詞の示す場所・位置に「ある・いる」状態を指す場合や、主語がその場所おいて動作を行っている場合、前置詞の後は3格になります。

Wir verbringen die Ferien **auf dem Land**. [n Land]
私たちは田舎で休暇を過ごします。
(「休暇を過ごす」という行為を「田舎で」行う→3格)

Die Schüler sitzen **im Klassenzimmer** und hören dem Lehrer zu. [n Zimmer]
生徒たちは教室に座って、教師の言葉に耳を傾けている。
(生徒たちが「教室の中に」いる状態を表す→3格)
＊imはin + demの融合形

ポイント3 4格支配

主語の動作が前置詞の示す場所・位置へ向かう場合は4格をとります。

Elke fährt am Wochenende **an die Nordsee**. [f See]
エルケは週末に北海(沿岸)へ出かける。
(エルケが「北海のそば(沿岸)へ」向かって行く→4格)
＊die Seeは「海」、der Seeは「湖」を意味する

Gehst du heute **ins Konzert**? [n Konzert]
君は今日、コンサートに行くの？
(君が「コンサートに」向かって出かけて行く→4格)
＊insはin + dasの融合形

ポイント4 前置詞と定冠詞の融合

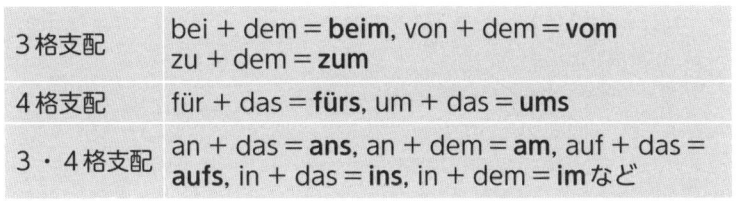

3格支配	bei + dem = **beim**, von + dem = **vom**, zu + dem = **zum**
4格支配	für + das = **fürs**, um + das = **ums**
3・4格支配	an + das = **ans**, an + dem = **am**, auf + das = **aufs**, in + das = **ins**, in + dem = **im**など

＊ほかに、über + dem=überm, unter + dem=untermなどもあるが、あまり使われない

練習問題

前置詞に注意して、（ ）に定冠詞・不定冠詞または前置詞と定冠詞の融合形を入れてみよう。

❶ Frau Sommer wohnt in (　　　) Stadtmitte. 　　　　[f Mitte]
　ゾマーさんは街の中心に住んでいる。

❷ Raphael geht oft in (　　　) Nachtklub. 　　　[m Nachtklub]
　ラファエルはよくナイトクラブに出かける。

❸ Familie Brand fährt jeden Sommer (　　　) Mittelmeer.
　ブラント一家は毎年夏になると地中海に出かける。　　　[an, n Meer]

❹ Auf (　　) Schild steht: „Keine Haftung bei Glatteis." [n Schild]
　看板には「路面の凍結に際しては責任を負いません」と書かれている。

❺ In (　　　) Zeitung steht, dass die Steuer wieder erhöht wird.
　新聞には、再び税金が上がると書かれている。　　　[f Zeitung]

❻ Die Note war über (　　　) Durchschnitt, aber nicht ganz lobenswert. 　　　　　　　　　　　　　[m Durchschnitt]
　成績は平均より上だったが、褒められたものではなかった。

❼ Bitte legen Sie Ihre Tasche unter (　　　) vorderen Sitzplatz.
　かばんをどうか前の座席の下に置いてください。　　　[m Platz]

❽ Die Löwenapotheke ist zwischen (　　　) Friseur und (　　　) Buchhandlung. 　　　　　　　[m Friseur, f Buchhandlung]
　ライオン薬局は美容院と本屋の間にある。

❾ Ich parke den Wagen vor (　　) LKW. 　　　　　[m LKW]
　車をそのトラックの前に停めるね。

すっきり

3・4格支配の前置詞の使い分け
- 前置詞の示す場所・位置に「ある・いる」状態や、その場所・位置で動作を行っている場合→3格。
- 動作が前置詞の示す場所・位置へ向かう場合→4格。

+α　ins Kino と in das Kino の違い

　前置詞とともに熟語的に用いられる定冠詞においては、定冠詞が本来持っていた「その」の意味合いが薄れます。

Ich gehe gern **ins** Kino.
私は映画館に行くのが好きだ。
Ich gehe gern **in das** Kino.
私はその映画館に行くのが好きだ。

　ins は in + das の融合形ですが、この ins の中の das では「その」の意味は薄くなり、ins Kino gehen で「映画館に行く」という慣用表現になっています。反対に、「その映画館に」と das の意味合いを強調したい場合は、融合形の ins ではなく in das Kino（発音の際には das を強調）と言います。
　in die Oper のように熟語的表現が融合形ではない場合は、die を強調するかどうかで、オペラに行くのか、それとも「その」オペラ座に行くことを強調しているのかを区別します。

もやもや9 2格支配の前置詞

wegen des Krieges「戦争のせいで」の des Kriegesは2格ですか？

これは、2格支配の前置詞によるものです。代表的なのは wegen（〜のせいで、〜ゆえに）や trotz（〜にもかかわらず）、während（〜の間に）ですが、そのほかにも主に書き言葉で使われるものがいくつかあります。

キホンのルール

主な2格支配の前置詞

außerhalb	〜の外で、〜の外側で
innerhalb	〜の中で、〜の内側で、〜以内に
aufgrund	〜に基づいて
dank	〜のおかげで
hinsichtlich / bezüglich	〜に関して、〜について
infolge	〜の結果
anstelle / anstatt / statt	〜の代わりに
trotz	〜にもかかわらず
während	〜の間に、〜の間じゅう
wegen	〜のせいで、〜ゆえに

ポイント1 2格支配の前置詞＋男性・中性名詞

2格支配の前置詞に男性名詞・中性名詞が続く場合は、名詞に-sまたは-esの語尾をつけます。

während des Unterrichts	授業中に
trotz des Unwetters	悪天候にもかかわらず
hinsichtlich Ihres Antrags	あなたの申請に関して
wegen des Staus	渋滞のせいで

女性名詞・複数形が続く場合、名詞はそのままです。

aufgrund einer technischen Störung	技術上のトラブルにより
dank seiner Hilfe	彼の助力のおかげで
innerhalb zwei Wochen	2週間以内に
außerhalb der Grenze	国境の外側で

ポイント2 wegen

前置詞は通常、名詞の前に置かれますが、wegenは2格の名詞を前に置くこともできます。

wegen des Umbaus = des Umbaus wegen
建て替えのため
wegen der Finanzkriese = der Finanzkreise wegen
財政危機により

ポイント3 2格の前置詞から派生した副詞

いずれも前文の内容を受けます。

stattdessen	その代わりに
deswegen	それゆえ
trotzdem	それにもかかわらず

Er hat sich erkältet. **Deswegen** konnte er an der Tagung nicht teilnehmen.
彼は風邪をひいた。それゆえ会議に参加できなかった。

練習問題

日本語を参考に、[　]から前置詞を選び、[　]の名詞を2格にして、(　)に入れてみよう。

[anstelle, außerhalb, dank, innerhalb, hinsichtlich, trotz, während, wegen]

❶ (　　　　　　　　) fährt der Bus pünktlich.　　　　[der Schnee]
雪にもかかわらずバスは時間通りに走っている。

❷ (　　　　　　　　) kann sie weiter studieren.　　[das Stipendium]
奨学金のおかげで彼女は引き続き（大学での）勉強を続けられる。

❸ (　　　　　　　　) jobbt Sophie in einer Bar.　　　[die Ferien]
休暇の間、ゾフィーはあるバーでアルバイトをする。

❹ Kann jemand (　　　　　　　) die Unterlagen fertigstellen?
誰か1時間以内にこの書類を仕上げることはできますか？　　[eine Stunde]

❺ (　　　　　　　　) vom 10. Juli teilen wir Ihnen folgendes mit:
　　　　　　　　　　　　　　　　　　　　　　　　[Ihr Schreiben]
7月10日付のあなたの書面に関して、以下のことをお伝えいたします…。

❻ Wenn man (　　　　　　　　) arbeitet, muss die Firma Überstunden bezahlen.　　　　　　　　[die Arbeitszeiten]
人々が労働時間外に仕事をしたら、会社は残業代を払わなくてはいけません。

❼ (　　　　　　　　) wurden drei Menschen verletzt.
交通事故により、3人が負傷しました。　　　　　[der Verkehrsunfall]

❽ (　　　　　　　　) liest der Vizekanzler die Rede vor.
　　　　　　　　　　　　　　　　　　　　　　[die Bundeskanzlerin]
連邦首相（女性）の代わりに、副首相が彼女の言葉を読み上げる。

すっきり

- wegen（〜のせいで）、trotz（〜にもかかわらず）、während（〜の間）。
- 書き言葉で使われるものが多い。

+α　　wegen ＋ 人の3格

　wegenは通常は2格支配ですが、人称代名詞を伴う場合は3格を伴うこともあります。例えば「私のせいで」は文法的にはwegen meiner（人称代名詞ichの2格）になりますが、通常はwegen mirを用います。

　このほか、wegenから派生した副詞meinetwegen（私のせいで、私のことで）もよく使われます。

Machen Sie sich **meinetwegen** bitte keine Umstände.
どうか私のことでお気遣いなさらないでください。

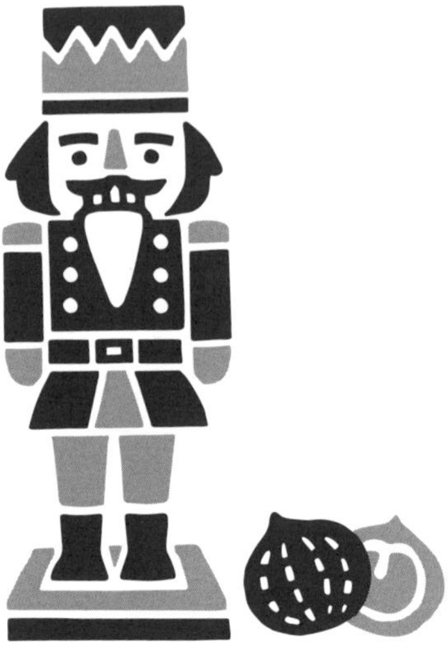

第2部

動詞がもやもやする！

　ポイントは語順です。話法の助動詞、完了の助動詞を用いる際に、本動詞や過去分詞が文末に置かれるということに注意しましょう。基本の構造を覚えておけば、副文になって助動詞が文末にきても慌てることはありません。

> もやもや
> **10**

現在形と現在分詞

ドイツ語には進行形はないのですか？

ドイツ語では、現在形や過去形、現在完了形で進行中の事柄も表現できるので、進行形という別の形はありません。副詞や現在分詞を使うと、「ちょうど今・まさに今」や「〜しながら、〜中の」を表すことができます。

キホンのルール

・進行形は、進行中を表す副詞か現在分詞を使って表現。
・現在分詞は、**動詞の語幹+d**。
arbeiten → arbeitend 仕事をしながら、仕事中の
denken → denkend 考えながら、思考中の
planen → planend 計画しながら、計画中の
zurückhalten → zurückhaltend 自制しながら、控えめな

ポイント 1　進行中の行為は現在形で

ドイツ語では、文脈や状況によって、現在形を用いて行為が進行中であることを表現します。

Die Maschine rollt **noch** und ist **auf dem Weg** zur Parkposition.
機体は**まだ**地上を**走行中**で、駐機場に向かっているところだ。

gerade, eben, jetzt, gerade jetztなどを使っても進行中の行為を表せます。

Hallo Stefan, was machst du gerade?
おはようシュテファン、今何してるの？
＊自己紹介の席などでWas machst du? と言えば「君は（職業上）何をしているの？＝職業は何？」という意味になります

ポイント2 「〜しながら」

　行為や状態が継続中・別の行為と並行して進行中であることを表します。名詞にかかるときは、形容詞の変化語尾が必要です。

Aufstehend rief er kräftig: „Bravo! "
立ち上がりながら彼は大声で「ブラボー」と叫んだ。
Der Mensch […] ist ein denkendes Schilfrohr.
人間は［…］考える葦である。（パスカルの言葉）
＊「思考している」は名詞「葦」にかかる

ポイント3 「…を〜しながら」

　他動詞の現在分詞では目的語を加えることもあります（前に置く）。自動詞の現在分詞では、前置詞句などを加えることができます。

Den Kopf schüttelnd lehnte sie das Angebot klar ab.
頭を横に振りながら、彼女はその申し出をきっぱりと断った。
Es ist sehr gefährlich, **auf das Smartphone starrend** zu laufen.
スマートフォンを見ながら歩くのはとても危険だ。

練習問題

[ ] の動詞を現在分詞にし、必要ならば語尾を加えて ( ) に入れよう。

❶ Er hat sich entschuldigt, dass seine Aussage (　　　　) war.
　彼は、自らの発言が誤解を招くものだったと謝罪した。　　　[irreführen]

❷ Auf die Bedienung des Kellners (　　　　) verließ sie das Lokal.
　　　　　　　　　　　　　　　　　　　　　　　　　　　　[wüten]
　ウェイターの対応に怒りをあらわにしながら、彼女はそのレストランを去った。

❸ Dass man das Risiko unterschätzt hat, war der (　　　　) Fehler.
　リスクを過小評価したことが決定的な誤りだった。[entscheiden, **m** Fehler]

❹ Bitte antworten Sie auf die (　　　　) Fragen.
　どうか次の質問にお答えください。　　　　　　　　[folgen, **pl** Fragen]

❺ Vom (　　　　) Schiff hat die Rettungsmannschaft die ganze Besatzung gerettet.　　　　　　　　　　　　　　　　[sinken, **n** Schiff]
　救助隊は沈みゆく船から乗組員全員を救助した。

❻ Die Baukunst, die Bildhauerei oder die Malerei gehören alle zur (　　　　) Kunst.　　　　　　　　　　　　　　　　[bilden, **f** Kunst]
　建築術、彫刻や絵画はいずれも造形芸術に属する。

❼ Nicht alle Japaner sind (　　　　). Manche sind aktiv. [zurückhalten]
　日本人が皆控えめというわけではない。活発な人もいる。

❽ Frau Berger ist jetzt in einer (　　　　) Position in ihrer Firma.
　ベルガーさんは現在、彼女の会社で主導的な立場にいる。　　　[führen]

❾ Die neue Regel ist erst ab 1.10. (　　　　).　　　　　　[gelten]
　新しい規則は10月1日以降になって初めて有効です。

❿ Herr Rosner, ich habe eine (　　　　) Bitte an Sie.　　[dringen]
　ロースナーさん、あなたにどうしてもお願いしたいことがあります。

> **すっきり**
>
> - 現在分詞は「語幹＋d」。
> - 主に副詞的（〜しつつ）、付加語的（〜中の…）に用いられる。形容詞化した一部のものを除き、述語的には使われない。
> - 現在分詞を付加語的に用いる際は形容詞の語尾変化をする。

+α 「泣いている」はweinendではダメ？

「彼は泣いている」を、動詞weinenの現在分詞weinendを述語的に用いて表現することはできません。ドイツ語では、現在形を用いて現在進行中の事柄（つまり進行形）も表現できるからです。
×Er ist weinend. → Er weint. 彼は泣いています。

もっとも、これだけだと、状況によって「彼は泣く」という一般論にも取れるため、「ちょうど」「今まさに」といった副詞を用いて、進行中であることを表現することもあります。
Was macht er jetzt? - Er liest gerade.
「彼は今何をしているの？」「彼は読書しているところだ」

もやもや 11 過去分詞の用法

過去分詞はどんなときに使いますか？

過去分詞は、現在完了形のほかに、受動態を作る際にも、さらに「〜した、〜された」状態を表す形容詞としても用いられます。

キホンのルール

過去分詞の作り方

規則動詞：ge+語幹+t：spielen → gespielt, lernen → gelernt

<u>過去分詞にgeがつかないもの</u>

-ierenで終わる動詞：telefonieren → telefoniert, rasieren → rasiert

非分離動詞：entdecken → entdeckt, versuchen → versucht

不規則動詞

語尾が-enのまま（語頭にはgeがつく）

kommen → gekommen, fahren → gefahren, lesen → gelesen

ei→ieに変わり語尾が-enのまま（語頭にはgeがつく）

bleiben → geblieben, schreiben → geschrieben

ie→o / e→oに変わり語尾が-enのまま（語頭にはgeがつく）

fliegen → geflogen, sprechen → gesprochen

分離動詞：前つづり+動詞部分の過去分詞

ausschalten → ausgeschaltet, mitnehmen → mitgenommen

非分離動詞：非分離前つづり+動詞部分の過去分詞からgeを取る。

bekommen → bekommen, verbringen → verbracht

ポイント1 現在完了・受け身

現在完了では、完了の助動詞 haben/sein とともに用います。

Ich bin zu Hause **geblieben**. 私は家にとどまっていた。
＊bleiben には発着往来の意味はないが、完了の助動詞は例外的に sein 動詞

受動態では、受け身の助動詞 werden と用います。
Der Roman wurde von Franz Kafka **geschrieben**.
その小説はフランツ・カフカによって書かれた。

ポイント2 状態受動

他動詞の過去分詞を、動詞 sein を用いて述語的に用いると、受け身の動作によって生じた状態の継続を表します。
schließen 〜を閉める → geschlossen 閉められた

Der Eingang ist **geschlossen**.
その入り口は閉まっている。
＊閉められた状態が続いている
⇔ Der Eingang wird um 20 Uhr vom Hausmeister **geschlossen**.
その入り口は20時に管理人によって閉められる。
＊閉めるという1回性の行為がなされる

ポイント3 形容詞的な用法

過去分詞はさらに、自動詞では「〜した…」他動詞では「〜された…」という意味の形容詞として、付加語的に用いることもできます。
・einwandern → eingewandert（外から中へ）移住してきた…
Die Organisation kümmert sich um die Kinder der **eingewanderten** Familien.
その団体は、外国から移住した家庭の子供たちの面倒を見ている。

・versprechen → versprochen 約束された・約束の…
Um die **versprochene** Zeit war noch niemand da.
約束の時間にはまだ誰も来ていなかった。

練習問題

A ❶❷を現在完了形に、❸❹を受動態に書き換えてみよう。

❶ Wir tanzen die ganze Nacht. 私たちは一晩中踊る。
→ _____

❷ Warum kommst du zu spät? なぜ君は遅刻するの？
→ _____

❸ Der Lehrer korrigiert den Fehler des Schülers. 先生は生徒の間違いを直す。
→ _____

❹ In dieser Fabrik stellt er Holzspielzeug her.
この工場で彼は木製の玩具を製造している。
→ _____

B [ ]の動詞を過去分詞に変え、適切な語尾を補って文を完成させよう。

❺ Mein Onkel kauft gerne (　　　　) Bücher.　　　　[brauchen]
私のおじは古本を買うのが好きだ。

❻ Das Museum ist von 9 bis 17 Uhr (　　　　　).　　　　[öffnen]
その博物館は9時から17時まで開いている。

❼ Stefan ist mein (　　　　) Freund.　　　　[vertrauen]
シュテファンは私の親友だ。

❽ Ich möchte die (　　　　) Karte abholen.　　　　[reservieren]
予約したチケットを受け取りたいのですが。

すっきり

過去分詞の主な用法
・完了の助動詞とともに用いて現在完了形を作る。
・受け身の助動詞werdenとともに用いて受動態を作る。
・動詞seinとともに用いて状態受動を表す。
・付加語的に「〜した…」「〜された…」と名詞を修飾する。

+α　現在分詞・過去分詞の名詞化

　現在分詞に形容詞の変化語尾をつけると「〜している人・物、〜中の人・物」という意味の名詞になります。
reisend → 　ein Reisender / eine Reisende　1人の旅行者(男性/女性)
　　　　　　　der Reisende / die Reisende　その旅行者(男性/女性)
folgen → 　Folgendes　以下の事柄(「後に続く事柄」の意味)
　　　　　　　das Folgende　以下のその事柄

　また、過去分詞に形容詞の変化語尾をつけると「〜された人・物」という意味の名詞になります。
verletzt → 　ein Verletzter / eine Verletzte 1人の負傷者(男性/女性)
　　　　　　　der Verletzte / die Verletzte その負傷者(男性/女性)
verlieren →das Verlorene 失われたもの

もやもや 12 再帰動詞の用法

再帰動詞と助動詞を組み合わせたらどういう語順になりますか？

話法の助動詞や完了の助動詞と再帰動詞を組み合わせる場合、再帰代名詞は主語に合わせて変化させるとともに、原則として助動詞のすぐ後に置きます。

キホンのルール

Ich **beeile mich** jetzt.
→ Ich **muss mich** jetzt **beeilen**.
私は今、急がなければならない。
＊助動詞müssenは人称変化、再帰代名詞はその後に、本動詞は文末に

完了の助動詞habenは人称変化させ、再帰代名詞はそのすぐ後に、過去分詞は文末に置きます。
Wir **freuen uns** über Ihren Besuch.
→ Wir **haben uns** über Ihren Besuch **gefreut**.
私たちはあなたの訪問を喜んだ。

ポイント1 話法の助動詞→本動詞は文末に

話法の助動詞と再帰動詞を用いた文ではと本動詞の語尾は不定形になりますが、再帰代名詞は必ず主語に応じて変化させます。（行為の対象が主語自身であることを示すため）

Ich verabschiede mich von Ihnen.
→ Ich **muss** <u>mich</u> von Ihnen **verabschieden**.
私はあなたとお別れしなければならない。
　不定形は **sich verabschieden** ですが、助動詞を用いた文でも再帰代名詞は主語に合わせます。

ポイント2　再帰代名詞は助動詞の後に

　再帰代名詞の位置は、原則として話法の助動詞（können, müssenなど）や完了の助動詞（sein, haben）のすぐ後に置きます。文頭が主語以外の目的語や副詞の場合は、助動詞の後に主語、その後に再帰代名詞を置きます。

Wir treffen uns heute um acht.
→ Wir **haben** <u>uns</u> gestern um acht **getroffen**.
私たちは昨日8時に待ち合わせた。
＝ Gestern **haben** wir <u>uns</u> um acht **getroffen**.
＊文頭がgesternの場合、動詞（2番目）のすぐ後に主語、その後に再帰代名詞を置く

ポイント3　従属文、間接疑問文→助動詞を文末に

　従属接続詞（dass, weilなど）や間接疑問文では、助動詞を文末に移動するだけで、その他の語順はそのままです。

Wir **konnten uns** nicht so lange **unterhalten**.
私たちはあまり長い間話せなかった。
→ Es war schade, <u>dass</u> wir **uns** nicht so lange **unterhalten konnten**.
私たちがあまり長い間話せなかったことは残念だった。

練習問題

( ) 内の指示に従って、文を書き換えてみよう。

❶ Wir treffen uns um 8 vor dem Rathaus. (副文に)
私たちは8時に市庁舎前で待ち合わせる。

→ Otto schlägt vor, dass _____.

❷ Ich bedanke mich bei Ihnen herzlich. (助動詞müssenを加える)
私はあなたに心から感謝している。

→ Ich _____.

❸ Was kaufst du dir? (助動詞wollenを加える)
君は（自分用に）何を買うの？

→ Was _____?

❹ Er benimmt sich wie ein Kind. (現在完了形に)
彼は子供のようにふるまう。

→ Er _____.

❺ Ihr interessiert euch für Malerei. (副文に)
君たちは絵画に興味がある。

→ Ist das wahr, dass _____?

❻ Sie erkälten sich oft. (過去形で)
彼らはよく風邪をひく。

→ Früher _____.

❼ Er hat sich lange um seinen Vater gekümmert. (副文に)
彼は長い間、父親の面倒を見てきた。

→ Ich weiß, dass _____.

> \\すっきり//
> ・助動詞と再帰動詞を用いた文では、再帰動詞は不定形にして文末へ。
> ・再帰代名詞は主語に応じた変化をさせて助動詞のすぐ後ろへ。

+α　注意すべき語順

「冠詞類＋名詞」など長めの主語が文頭以外に置かれる場合（疑問詞を用いた疑問文を含む）、定形第二位のすぐ後（本来主語が置かれる場所）に再帰代名詞が置かれることがあります。

Die neue Ministerin hat **sich** heute Vormittag an den Ort des Treffens begeben.
→Heute Vormittag hat **sich** die neue Ministerin an den Ort des Treffens begeben.
今日の午前、新しい大臣は会談場所に赴いた。

ただし、主語が短い場合（人称代名詞など）は、通常の語順です。
Heute Vormittag hat sie **sich** an den Ort des Treffens begeben.
今日の午前、彼女は会談場所に赴いた。

もやもや 13 受動態

主語のない受け身の文があるのですが問題ないですか？

問題ありません。目的語を必要としない自動詞の文も受け身にすることができます。ただし、目的語のない文を受動態にすると主語がなくなるため、形式主語 es を補うか、副詞や前置詞句を文頭に置いて主語を省略します。通常、行為者は示しません。

キホンのルール

Sie singt in diesem Saal.
→ **Es wird** in diesem Saal **gesungen**.
In diesem Saal **wird gesungen**.
このホールで（歌が）歌われる。

ポイント 1 他動詞の受け身と自動詞の受け身の違い

他動詞を用いた文では、目的語を主語に、主語を行為者にします。

Die Mutter tadelt **das Kind**.
→ **Das Kind** wird *von der Mutter* getadelt.
子供は母親に叱られる。

自動詞の能動態では目的語を必要としないため、受動態では主語がなくなります。このため形式主語の es を補うか、副詞句・前置詞句などを文頭に置いて主語を省略します。行為者は示しません。
Die Schüler lernen hier fleißig.
→ **Es wird** hier fleißig **gelernt**.

Hier wird fleißig **gelernt**.
ここでは熱心に学ばれている。

ポイント2 話法の助動詞を用いた受け身

könnenやmüssenを用いた受け身の文では次のように作ります。
主語＋werden（人称変化）…本動詞の過去分詞＋werden.

Ich muss mein Zimmer putzen.
私は自分の部屋を掃除しないといけない。
→Mein Zimmer muss geputzt werden.
＊私が部屋を掃除することが明らかなので行為者は示さない。

ポイント3 manを用いた文

manを用いた文では、行為者を示しません（不定代名詞manは1格しか存在しないため、von＋3格の形を作れない）。

Man wählt am Sonntag.
→**Es wird** am Sonntag **gewählt**. / Am Sonntag **wird gewählt**.
日曜日に選ばれる。（日曜日に選挙が行われる）
＊manを行為者にしてvon manとすることはできない

同様に、主語がmanで他動詞を用いた文を受動態にする際も、目的語を主語にして行為者は省略します。

Man verkauft **gebrauchte Sachen** auf dem Flohmarkt.
→**Gebrauchte Sachen** werden auf dem Flohmarkt verkauft.
中古の品々が蚤の市で売られている。

練習問題

次の文を受動態に直してみよう。

❶ In Deutschland trinkt man gern Bier.
ドイツでは人は好んでビールを飲む。

→ In Deutschland _____.

❷ Dort tanzen die Mädchen.
あそこで少女たちが踊っている。

→ Es _____.

❸ An der Abendkasse verkauft man Restkarten.
夕方開く当日券売り場では残ったチケットを販売している。

→ _____.

❹ Wie kann man Geld abheben?
どうやったらお金を下ろせますか？

→ Wie _____?

❺ Die Bürger demonstrieren vor dem Rathaus.
市庁舎前で市民がデモをする。

→ Vor dem Rathaus _____.

❻ Hier darf man nicht sprechen.
ここで話をしてはいけない。

→ Hier darf _____.

❼ Wie produziert man den Käse?
そのチーズをどうやって作るのですか？

→ Wie _____?

❽ Im Sommer grillt er in seinem Garten.
夏になると彼は自分の家の庭でバーベキューパーティーをする。

→ Im Sommer _____.

> **すっきり**
> - 自動詞の文を受動態にする際は、主語がなくなるため、形式主語のesで代用、または副詞句・前置詞句などを文頭に置いて主語を省略。
> - 自動詞の文や主語がmanの文を受動態にするときは行為者を示さない。

+α 目的語が前置詞句である文を受け身にすると…

前置詞句を目的語とする自動詞を用いた文を受け身にする場合、「前置詞＋名詞」の部分を主語にすることはできないので、形式主語esを文頭に置くか、前置詞句を文頭に置いて主語のない受け身の文にします。

Er klopft an die Tür seiner Nachbarin.
彼は隣人の家のドアをノックする。
× Die Tür seiner Nachbarin wird geklopft.
→ **Es** wird **an die Tür seiner Nachbarin** geklopft.
　An die Tür seiner Nachbarin wird geklopft.

もやもや 14

使役の助動詞 lassen, 知覚動詞 sehen と hören

「散髪をする」は
ドイツ語でどう表現するのでしょうか？

日本でもドイツでも、髪は通常、お店で切ってもらうもの。そこでドイツ語では使役の助動詞 lassen（…させる）を伴って sich³ die Haare schneiden lassen「自分に対し髪を切らせる＝自分の髪を切ってもらう」と言います。

キホンのルール

lassen の現在人称変化（不規則変化）

ich lasse	wir lassen
du **lässt**	ihr lasst
er **lässt**	sie lassen

（過去基本形：ließ／過去分詞：lassen [完了の助動詞は haben]）

主語＋ lassen（人称変化）…＋文末に本動詞の不定形
Ich **lasse** mein Zimmer **renovieren**.
私は自分の部屋を改修させる（してもらう）。

ポイント 1　語順

定型第二位に lassen（人称変化させる）を、文末に本動詞（不定形）を置きます。また「〜（人）に…させる」と人を使役する場合、目的語は4格を伴います。「〜を使って…させる」と覚えるとよいでしょう。

Ich bringe die Akten hierher.
私はここにその書類を持って来る。
↓
Ich **lasse** *meinen Sekretär* die Akten **bringen**.
私は私の秘書にその書類を持って来させる。

　ここでは4格の目的語が2つ存在しますが、meinen Sekretärは使役の対象（私が秘書を使う）、die Aktenは秘書にさせる行為の対象（書類を持って来る）なので問題ありません。

ポイント2　「散髪する」は「髪を切らせる」

　「散髪する」でも同様に、sich³ die Haare schneiden「自分の髪を切る」にlassenを加え「自分の髪を切らせる」とします。使役の対象を含めるときは、sich³を省略し、代わりに4格の目的語を補います。

Ich lasse mir die Haare schneiden.
私は（自分の）髪を切ってもらう。

Ich **lasse** die Friseuse die Haare **schneiden**.
私はその美容師（女性）に（私の）髪を切ってもらう。

ポイント3　知覚動詞

　sehenやhörenを使って、lassenと同様に4格の目的語を2つ伴って「〜が…するのを見る・聞く」と表現できます。

Sie **hört** *einen Jungen* Lieder **singen**.
彼女は1人の少年が歌を歌うのを聞いている。

Bertha sah *ihren Freund* mit einer Frau ins Kino gehen.
ベアタは彼女のボーイフレンドが1人の女性と映画館に行くのを見た。

練習問題

( ) 内に lassen, sehen, hören を適切な形にして入れてみよう。

❶ Wo (　　　) du dir die Haare schneiden?
君はどこで散髪をするの？

❷ Meine Eltern (　　　) mich immer ihr Auto tanken.
私の両親は私を使って彼らの（自分の）車に給油をさせる。

❸ Mein Bruder (　　　) mich Sie grüßen.
私の兄があなたによろしくとのことでした。（兄が私を使って、あなたによろしくと伝えさせる）

❹ (　　　) ihr die Schauspielerin auf die Bühne gehen?
君たちはその女優が舞台に上がっていくのが見えますか？

❺ Von oben (　　　) ich einen Mann mit jemandem streiten.
上のほうから、男が誰かと言い争っているのが聞こえてくる。

❻ Der Drucker ist kaputt. Ich muss ihn sofort reparieren (　　　).
印刷機が壊れた。私はそれをすぐに修理させなければならない。

❼ Der Geschäftsmann hat den Taxifahrer lange warten (　　　).
そのビジネスマンはタクシーの運転手を長い間待たせていた。

すっきり

- 「〜に…させる」は「使役の助動詞 lassen ＋ 4格（使役の対象）＋本動詞」で表現する。
- 語順は、定形第二位に lassen の人称変化形を、文末に本動詞（不定形）を置く。「〜を使って…をさせる」と覚える。
- 「〜が…するのを見る・聞く」は、「知覚の助動詞 sehen / hören ＋ 4格（見聞きする対象）＋本動詞（不定形）」で表現する。

+α　lassenの命令形「〜しよう」

「lassenの命令形＋uns」の形で「〜しよう」という勧誘表現もできます。呼びかける相手（du, ihr, Sie）に応じて、それぞれ次のようになります。

du に対して：Lass uns ...　　　Lass uns jetzt abfahren!
　　　　　　　　　　　　　　　さあ出かけよう！
ihr に対して：Lasst uns ...　　　Lasst uns anstoßen!
　　　　　　　　　　　　　　　さあ乾杯しよう！
Sie に対して：Lassen Sie uns ...　Lassen Sie uns langsam anfangen!
　　　　　　　　　　　　　　　そろそろ始めましょうか！

もやもや 15 話法の助動詞の過去形・現在完了形

「〜しなくてはならなかった」は現在完了形でも表現できるの？

können「〜できる」やmüssen「〜せねばならない」などの話法の助動詞を用いた文も、過去形や現在完了形にして「〜できた」「〜せねばならなかった」など、過去の表現ができます。

キホンのルール

話法の助動詞の3基本形

不定形	過去基本形	過去分詞形
können	konnte	können / gekonnt
müssen	musste	müssen / gemusst
dürfen	durfte	dürfen / gedurft
wollen	wollte	wollen / gewollt
sollen	sollte	sollen / gesollt
mögen	mochte	mögen / gemocht

過去形は人称変化します。

ich	konnte	wir konnten
du	konntest	ihr konntet
er/sie/es	konnte	sie konnten

ポイント 1 過去形

過去形では、人称変化させた話法の助動詞の過去形を文の2番目に、本動詞を文末に置きます。

現在形：Ich muss heute früh nach Hause gehen.
私は今日、早く帰宅しなくてはならない。
↓
過去形：Ich **musste** gestern früh nach Hause gehen.
私は昨日、早く帰宅しなければならなかった。

ポイント2 現在完了

　現在完了形では、文の2番目に完了の助動詞haben（人称変化させる）を置き、文末に本動詞（不定形）と話法の助動詞の過去分詞を置きます。本動詞として用いる場合（ポイント3）を除き、話法の助動詞の過去分詞形は不定形と同じです。

現在形：Ich muss heute früh nach Hause gehen.
私は今日早く家に帰らないといけません。
→現在完了形：Ich **habe** gestern früh nach Hause gehen **müssen**.
　　　　　　（完了の助動詞）　　　　　　　　（本動詞）（過去分詞）

ポイント3 話法の助動詞が本動詞の場合

　話法の助動詞を本動詞として用いる場合は過去分詞形が異なります（本動詞müssenの過去分詞はgemusst）。

Ich muss heute früh nach Hause.
私は今日早く家に向かわないといけません。
（nach Hauseの後にgehenやfahrenが省略されている。müssenは本動詞）
→Ich **habe** gestern früh nach Hause **gemusst**.
　私は昨日早く家に向かわねばならなかった。

練習問題

日本語訳を参考に、以下の話法の助動詞を適切な形にして、完了の助動詞を補って、ドイツ語の文を完成させましょう。
[können, müssen, dürfen, wollen]

❶ Bis vor einem Monat (　　　) wir hier parken (　　　).
1カ月前までは、私たちはここに駐車してもよかった。

❷ Paul (　　　) früher sehr gut Spanisch (　　　).
パウルはかつてスペイン語がとても上手にできた。

❸ Ich (　　　) heute Morgen nicht so früh aufstehen (　　　).
私は今朝そんなに早く起きる必要がなかった。

❹ Wegen des Unwetters (　　　) wir nicht ausgehen (　　　).
悪天候のため私たちは外出できなかった。

❺ Wie (　　　) du die Prüfung bestehen (　　　)?
君はどうやって試験に合格できたんだい？

❻ Im Museum (　　　) ich Fotos machen (　　　). Aber man (　　　) das nicht (　　　).
美術館で私は写真を撮りたかった。しかしそれは許されていなかった。

❼ Wegen der Krankheit meines Kindes (　　　) ich ins Krankenhaus (　　　).
子供の病気のため、私は病院に向かわねばならなかった。

❽ Warum (　　　) ihr nicht zur Party kommen (　　　)?
なぜ君たちはパーティーに来られなかったの？

すっきり

話法の助動詞の過去形・現在完了形
- 過去基本形：ウムラウトを取って語尾のenをteに（ただしmögenはmochte）。
- 現在完了形：助動詞として用いるときの過去分詞形は不定形と同形、本動詞として用いるときはウムラウトなしでge-----t。（ただしmögenはgemocht）
- 完了の助動詞はいずれもhaben。

+α mögen

「〜したい」と言いたい場合には、wollenよりもmögenの接続法II式möchteを使いますが、「〜したかった」にはmöchteが使えないため、wollenの過去形wollteまたは現在完了形haben ＋ wollen/gewolltを用います。

Ich möchte ins Fitnessstudio gehen.
私はフィットネススタジオに行きたい。
→ Ich wollte ins Fitnessstudio gehen.
　Ich habe ins Fitnessstudio gehen wollen.

mögenには「〜を好む」という意味があるので、過去形mochteを用いると「〜が好きだった」という意味になります。
Ich mag den Komponist. 私はその作曲家が好きだ。
→ Ich mochte den Komponist.

もやもや 16 zu 不定詞

「このチームでプレーできることはうれしい」はどう表現しますか？

話法の助動詞もzu不定詞句にすることもできます。「〜できること」なら、助動詞könnenを用いたzu könnenとなります

キホンのルール

語順
（前置詞句・目的語・副詞など）＋本動詞（不定形）＋ zu ＋話法の助動詞
このチーム（f Mannschaft）でプレー（spielen）できること：
in dieser Mannschaft **spielen zu können**

ポイント 1　語順

zu不定詞は、前置詞句や目的語や副詞の後に置きます。話法の助動詞をzu不定詞にする場合、本動詞（不定形）の後にzu＋助動詞の不定詞を置きます。

mit den Freunden in die Kneipe **zu gehen**
友人と居酒屋へ行くこと
keinen Alkohol trinken **zu dürfen**
お酒を飲んではならないということ

分離動詞のzu不定詞は、分離前つづりと動詞部分の間に入れ、1語で書きます。
jeden Morgen früh **aufzustehen**
毎朝早起きすること

ポイント2 zu不定詞句の主な用法

①主語や目的語として用いる（esを先行詞として用いることも多い）

Volleyball **zu spielen** macht Spaß.
バレーボールをすることは楽しい。

　形式主語のesをzu不定詞句の先行詞として「次のことは楽しい、バレーボールをすることは」と表現することもできます。
= Es macht Spaß, Volleyball **zu spielen**.

　目的語として用いる場合、zu不定詞句の前にコンマを入れます。

Wir planen jetzt, in den Sommerferien nach Kroatien **zu fahren**.
私たちは現在、夏休みにクロアチアに行くことを計画しています。

　zu不定詞句が前置詞の目的語の場合、コンマの前にda[r]+前置詞を置きます。

Ich freue mich **darauf**, Sie bald **wiedersehen zu können**.
あなたに再会できることを楽しみにしています。

＊動詞 sich freuen は目的語に前置詞 auf を必要とするため、zu不定詞句に先行する da を auf の前に加え、さらに語調を整えるために r を加える

②名詞の補語

　ZeitやLustの後にコンマを置き、zu不定詞句を加えると、「〜する時間」「〜する気」など、名詞の内容を補うことができます。

Sie hat noch genug Zeit, sich ihre Zukunft **zu überlegen**.
彼女には、自身の将来について考える時間がまだ十分にある。

練習問題

[　] 内の語句をzu不定詞句にしてみよう。

❶ Wir sind uns darüber einig,_____.
　　　　　　　　　　　[können, n Angebot, annehmen]
　私たちは、その申し出を受け入れることはできないと言う点で意見が一致している。

❷ Es ist mir eine große Ehre, _____.
　　　　　　　　　　　[dürfen, sprechen, mit Ihnen]
　あなたとお話させていただくことができるのは、私にとって光栄です。

❸ Es ist unsinnig,_____.
　　　　　　　　　[müssen, jedes Mal, dasselbe Formular, ausfüllen]
　毎回同じ書式を記入して埋めないといけないのは馬鹿げている。

❹ _____ ist langweilig.
　　　　　　[das Computerspiel, nur, spielen, in der Freizeit]
　自由時間にコンピューターゲームしかしないというのは退屈だ。

❺ Seid ihr bereit, _____?
　　　[sich auf den Weg machen]　＊sich auf den Weg machen: 出かける
　君たちは出かける準備はできたかい？

❻ Ich habe den Wunsch, _____.
　　　　　　　　　　　[lassen, mein Kind, studieren, an der Uni]
　私には、子供を大学で学ばせたいという願いがある。

❼ Leider habe ich keine Zeit, _____.
　　　　　　　　　　　　　　[euch, vom Bahnhof, abholen]
　残念ながら、君たちを駅に迎えに行く時間が私にはない。

すっきり

- ドイツ語のzu不定詞は目的語の後に置く。
- 分離動詞のzu不定詞は「前つづり＋zu＋動詞部分の不定形」で。
- 話法の助動詞をzu不定詞句にする際は「本動詞＋zu＋話法の助動詞」で。

+α　zu不定詞のその他の用法

「動詞sein＋zu不定詞」で、以下のことを表せます。

・**可能＋受け身**「〜されることが可能だ、〜され得る」
Seine Schrift ist kaum **zu lesen**. 彼の字はほとんど解読不能だ（彼の字はほとんど読まれ得ない）。
= Seine Schrift kann kaum gelesen werden.
　Man kann seine Schrift kaum lesen.

・**義務＋受け身**「〜されなければならない」
Die Unterlagen sind sofort **abzugeben**.
それらの書類はすぐに提出されなければならない。
=Die Unterlagen müssen sofort abgegeben werden.
　Man muss die Unterlagen sofort abgeben.

もやもや 17 受け身の現在完了

受け身の文を現在完了にすることはできるのですか？

受動態の文も現在完了にできます。その場合、受け身の助動詞 werden は過去分詞 worden の形で文末に置きます。完了の助動詞には sein 動詞を用い、人称変化させて文の2番目に置きます。

キホンのルール

受け身の現在完了の作り方

主語＋sein動詞（人称変化）…＋動詞の過去分詞＋worden.
　↑完了の助動詞　　　　　　　　　　　　↑受け身の助動詞
　　　　　　　　　　　　　　　　　　　　werdenの過去分詞

受け身の文を過去形にする場合

主語＋wurde（人称変化）…＋動詞の過去分詞.
　↑受け身の助動詞
　　werdenの過去基本形

ポイント1 語順

現在形では文の2番目にあった受け身の助動詞 werden を、過去分詞 worden にして文末へ、代わりに文の2番目には完了の助動詞 sein を人称変化させて入れます。

Das Buch **wird** von dem Kritiker **hochgeschätzt**.
その本はその批評家に高く評価される。
→ Das Buch **ist** von dem Kritiker **hochgeschätzt worden**.
その本はその批評家に高く評価された。
＊能動態：*Der Kritiker* hat das Buch hochgeschätzt.

ポイント2 副文

副文では、完了の助動詞 sein を文末に移動させます。

Das Buch <u>ist</u> von dem Kritiker **hochgeschätzt worden**.
→ *Weil* das Buch von dem Kritiker **hochgeschätzt worden** <u>ist</u>, verkauft es sich gut.
その本はその批評家に高く評価されたので、よく売れている。

ポイント3 主語のない受け身

主語のない受け身の文を現在完了にする際は、完了の助動詞 sein は3人称単数の ist にします。

Heute **wird** in Österreich **gewählt**.
今日オーストリアで選挙が行われる。
→ Gestern **ist** in Österreich **gewählt worden**.
昨日オーストリアで選挙が行われた。
＊能動態：Gestern **hat** *man* in Österreich **gewählt**.

練習問題

❶～❸の文を過去形・現在完了形に、❹～❻の文を受動態にしてみよう。

❶ Das Fußballspiel wird live übertragen.
そのサッカーの試合は生中継される。

過去形：_____.

現在完了形：_____.

❷ Es ist schade, dass mein Vorschlag nicht aufgenommen wird.
私の提案が受け入れられないのは残念だ。

過去形：Es ist schade, dass _____.

現在完了形：Es ist schade, dass _____.

❸ Wann werden die Wohnungen hier renoviert?
ここのアパート（複数）はいつリフォームされるのですか？

過去形：Wann _____?

現在完了形：Wann _____?

❹ Der Schriftsteller hat den Roman geschrieben.
その作家がその小説を書いた。

受動態：_____.

❺ Wer hat hier geraucht?
誰がここでタバコを吸ったの？

受動態：Von _____?

❻ Er hat mir einen Pullover geschenkt.
彼は私にセーターを1着プレゼントした。

受動態：Mir _____.

> **すっきり**
>
> ・受け身の過去形は「wurde…＋過去分詞」、現在完了は「sein…＋過去分詞＋worden」。

+α　werdenの過去分詞

werdenの過去分詞は2つあります。「なる」という意味の本動詞として用いられる場合の過去分詞はgewordenに、受け身の助動詞として用いられる場合はwordenとなります（完了の助動詞はどちらもsein）。

・本動詞werdenの現在完了
Das Wetter **wird** heute besser.
→Das Wetter **ist** heute besser **geworden**.
今日は天気がよくなった。

・受け身の現在完了
Das Zimmer **wird** von den Kindern **geputzt**.
→Das Zimmer ist von den Kindern **geputzt worden**.
その部屋は子供たちによって掃除されました。

もやもや 18 接続法II式

「もしも〜なら」など仮定を表現するにはどうしたらいいですか？

接続法には「接続法I式」と「接続法II式」があり、I式は主に他者の発言を引用する際に、II式は願望や仮定など非現実のことを述べる際に用います。

キホンのルール

接続法II式を使うとき
- 非現実・仮定を表す場合。
- ていねいな表現をする場合。
- 接続法I式が直説法の現在人称変化形と同じ場合（→もやもや19「+α」）

接続法II式の基本形
- 規則動詞では過去基本形と同形。
- 過去形が不規則変化する場合、過去形にウムラウトを加える。
- 人称変化は過去形と同じ。

```
spielen→spielte, lernen→lernte, machen→machte
geben→gäbe, kommen→käme, wissen→wüsste
werden→würde, können→könnte, sein→wäre, haben→hätte
```

spielen→spielte		kommen→käme		werden→würde	
ich spielte	wir spielten	ich käme	wir kämen	ich würde	wir würden
du spieltest	ihr spieltet	du kämest	ihr kämet	du würdest	ihr würdet
er spielte	sie spielten	er käme	sie kämen	er würde	sie würden

ポイント1　würde＋動詞の不定形

　非現実の事柄を表現する際は接続法II式を使います。ただし、規則動詞の接続法II式は直説法過去形と同形なので、接続法II式であることを明確にするため「**würde（人称変化）＋（文末に）動詞の不定形**」で表現することが多いです。

Wenn ich morgen Zeit **hätte, spielte** ich Fußball.
→Wenn ich morgen Zeit **hätte,** <u>würde</u> ich Fußball <u>spielen</u>.
もし明日時間があるなら、サッカーをするのだが。
＊でも実際には明日は時間がないのでサッカーをしない

ポイント2　ていねいな表現

　ていねいな表現をする際にも接続法II式を用います。「〜したい、〜がほしい」を表す**möchte**も、実は話法の助動詞mögen（〜を好む）の接続法II式（mögenの過去形mochte＋ウムラウト）です。

Entschuldigung, ich habe eine Frage.
→Entschuldigung, ich **hätte** eine Frage.
すみません、質問をさせていただきたいのですが。

練習問題

[ ] 内の動詞を接続法II式にして（ ）に入れてみよう。

❶ Wenn ich jetzt Urlaub nehmen (　　　), dann (　　　) ich gleich nach Deutschland.　　　　　　　　　　　　[können, fliegen]
もしも今、休暇を取れるなら、私はすぐにでもドイツに飛んでいくのに。

❷ Was (　　　) Sie, wenn Sie viel Geld (　　　)?　[kaufen, haben]
もしあなたがお金をたくさん持っていたら何を買いますか？

❸ Es (　　　) nett, wenn Sie uns Rat geben (　　　).
私たちに助言をしていただけるとありがたいのですが。　　　[sein, können]

❹ Wenn es hier eine Klimaanlage (　　　), (　　　) wir nicht unter der Hitze leiden.　　　　　　　　　　　　　　[geben, müssen]
もしここにエアコンがあれば、私たちは熱波に苦しまなくてもいいのだが。

❺ Die beiden Verdächtigen behaupten, dass sie so eine Tat nie begangen (　　　).　　　　　　　　　　　　　　　　[haben]
２人の容疑者は、自分たちは決してそのようなことはしていないと主張している。

❻ Wenn er noch früher gekommen (　　　), (　　　) wir den Zug nicht verpasst.　　　　　　　　　　　　　　　[sein, haben]
彼がもっと早く来たなら、私たちはその列車に乗り遅れることはなかったのに。

> **すっきり**
> ・非現実の事柄を述べるときや、ていねいな表現をしたいとき、また接続法I式において直説法現在と同形の場合には、接続法II式で表現する。
> ・基本形は過去基本形（不規則動詞は過去形＋ウムラウト）、人称変化も過去形に準じる。

+α 接続法の過去時制

　接続法（I式、II式どちらも）には過去形が存在しないため、過去のことは現在完了形でしか表現できません。

・接続法I式：habe または sei ＋過去分詞
Er sagt, er gehe heute in die Oper.
→ Er sagt, er **sei** gestern in die Oper **gegangen**.
　彼は、自分は昨日オペラに行ったと言っている。

・接続法II式：hätte または wäre＋過去分詞
Auch wenn ich **wüsste**, wo sie jetzt wohnt, **teilte** ich Ihnen das nicht **mit**.
たとえ私が、彼女がどこに住んでいるか知っているとしても、あなたにそれを伝えることはしないでしょう。
Auch wenn ich damals **gewusst hätte**, wo sie wohnt, **hätte** ich Ihnen das nicht **mitgeteilt**.
たとえ私が当時、彼女がどこに住んでいるか知っていたとしても、私はそのことをあなたに伝えることはしなかったでしょう。

もやもや 19 接続法I式

könneという語が文中にあったのですが、kannの間違いなのでは？

間違いではありません。könneは話法の助動詞könnenの「接続法I式」です。これまで学んできたのは、発言や記述を事実として述べる「直説法」でしたが、「接続法」では発言や記述の内容とは距離を取った表現をします。

キホンのルール

Er sagt, er **könne** Deutsch sprechen.
彼は、自分はドイツ語が話せると言っている。

＊本当に彼がドイツ語を話せるかは不明だが、彼自身の主張を紹介している。もし、彼がドイツ語を本当に話せるという事実があれば、Er sagt, er **kann** Deutsch sprechen. になる

ポイント1 接続法Ⅰ式の基本形：語幹＋e

例えば、spielenならspiele、wissenならwisse、könnenならkönneになります。

ただし、**例外としてseinのⅠ式の基本形はsei**になります。

接続法Ⅰ式の人称変化は、**過去形の人称変化と同じ**です。
du ---st, wir ---(e)n, ihr ---t, sie ---(e)n, Sie ---(e)n

spielen→spiele		wissen→wisse		können→könne	
ich spiele	wir *spielen*	ich wisse	wir *wissen*	ich könne	wir *können*
du spielest	ihr spielet	du wissest	ihr wisset	du könnest	ihr könnet
er spiele	sie *spielen*	er wisse	sie *wissen*	er könne	sie *können*

＊斜字は、直説法現在の変化形と同形のもの＝接続法Ⅱ式に置き換える

sein→sei	
ich sei	wir seien
du seist/seiest	ihr seiet
er sei	sie seien

ポイント2 間接話法の主語

直接話法「彼は『僕はドイツが話せる』と言っている」＝直説法
間接話法「彼は、自分はドイツ語が話せると言っている」＝接続法Ⅰ式

Er sagt „Ich kann Deutsch sprechen."
→ Er sagt, er **könne** Deutsch sprechen.

＊間接話法では主語をichからerに変える。
＊発言内容の引用なので、könnenの接続法Ⅰ式könneにする。

練習問題

直接話法の文を間接話法に変えてみよう。

❶ Der Politiker behauptet „Ich habe mit der Affäre nichts zu tun."
その政治家は「私はその事件とは関係ない」と主張している。

→ Der Politiker behauptet, _____.

❷ Der Hausmeister sagt mir „Sie dürfen hier nicht eintreten."
管理人は私に「あなたはここに立ち入ってはならない」と言う。

→ Der Hausmeister sagt, ich _____.

❸ Meine Kinder sagen „Wir sind total müde."
子どもたちは「僕たちはすごく疲れた」と言っている。

Meine Kinder sagen, sie _____.

❹ Frank entschuldigt sich „Der Zug ist zu spät angekommen."
フランクは、「電車が遅れて到着したんだ」と弁解する。

Frank entschuldigt sich, _____.

❺ Johanna erzählt mir „Ich habe in Wien viele Museen besucht."
ヨハンナは「私はウィーンでたくさんの博物館を訪れたわ」と私に語る。

Johanna erzählt mir, sie _____.

❻ Patrik behauptet „Ich kenne die E-Mail-Adresse von Julia wirklich nicht."
パトリックは「僕はユリアのメールアドレスを本当に知らない」と言う。

Patrik behauptet, er _____.

すっきり

- 直接話法を間接話法に変えて発言を引用する場合には接続法I式を使う。
- 基本形は「語感+e」、人称変化は過去形に準じる（du –st, wir –[e]n, ihr –t, sie –[e]n）。

+α I式の代わりのII式

接続法I式が直説法現在と同形になる時は、接続法II式で表現します。

Er sagt mir „Du hast recht."
彼は私に「君は正しい」と言う。

→ Er sagt mir, ich **hätte** recht.

＊接続法I式の形habeが、直説法現在のhabeと同形で、接続法か直説法か判断できないため、接続法II式を使う

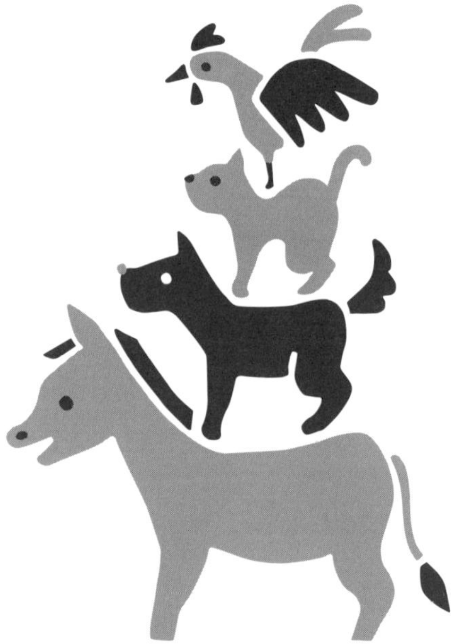

第3部

冠詞、代名詞… まだまだ もやもやする！

　名詞の単数と複数、代名詞の語順もここでおさらいしておきましょう。会話に力を入れたい方は、副詞を使えるようになるとぐっとドイツ語らしさが増します。

もやもや20 定冠詞と不定冠詞

derとeinはどう使い分けるのですか？

定冠詞は英語のtheに相当し、特定の事物を指して「その〜、例の〜」を表します。これに対し、英語のa, anに相当する不定冠詞は、事物を特定せず「とある〜、1つの〜」という意味で用いられます。

キホンのルール

後に続く名詞の性と格（文中での名詞の役割）に応じて変化します。

・定冠詞

	男性	女性	中性	複数
1格	der Stift	die Schere	das Lineal	die Hefte
2格	des Stiftes	der Schere	des Lineals	der Hefte
3格	dem Stift	der Schere	dem Lineal	den Heften
4格	den Stift	die Schere	das Lineal	die Hefte

・不定冠詞

	男性	女性	中性	複数
1格	ein Stift	eine Schere	ein Lineal	—
2格	eines Stiftes	einer Schere	eines Lineals	—
3格	einem Stift	einer Schere	einem Lineal	—
4格	einen Stift	eine Schere	ein Lineal	—

ポイント1 定冠詞

　すでに話題になっている事物や、話し手の間で何を指しているかわかっている事物を指します。

Der Wein schmeckt gut.
そのワインはおいしい。
＊特定のワインを指し、このワインがすでに話題になっていたことを表す

Ich möchte **den** Stift.
そのペンをいただきます（買います）。
＊何種類かあるペンの中から選んだ特定のペンを指す

ポイント2 不定冠詞

　不定冠詞は「とある〜、1つの〜」という意味になります。

A Das ist ein Stift.
　これはペンです。
B Können Sie mir einen Stift leihen?
　私にペンを1つ貸してくれませんか？

　いずれもペンの種類や性質は問われず、Aはボールペンでも万年筆でもないペンであること、Bは、どれでもいいので書くための道具であるペンを1本借りたい、ということを意味しています。

練習問題

名詞の性と格に注意して、（　）に定冠詞または不定冠詞を入れよう。

❶ Da ist (　　) Café. (　　) Café ist sehr bekannt.　　[n Café]
そこにカフェがありますね。そのカフェはとても有名です。

❷ Gibt es hier in der Nähe (　　) Post?　　[f Post]
この近くに郵便局はありますか？

❸ Das ist keine Tasche, sondern (　　) Rucksack.　　[m Rucksack]
これはかばんではなく、リュックサックです。

❹ Ich habe (　　) Frage.　　[f Frage]
１つ質問があります。

❺ (　　) USA besteht aus 50 Staaten.　　[pl USA]
アメリカ合衆国は50州から成り立っている。

❻ Wir treffen uns heute Abend in (　　) Restaurant.　[n Restaurant]
私たちは今晩あるレストランで会います。

❼ Sabine arbeitet bei (　　) Bank.　　[f Bank]
ザビーネはとある銀行で働いている。

❽ Wo ist (　　) Zimmer von Max?　　[n Zimmer]
マックスの部屋はどこだい？

❾ Kennst du (　　) Mann da drüben?　　[m Mann]
あそこにいるあの男性を君は知っているかい？

> **すっきり**
> ・特定のもの、すでに話題になっているもの→定冠詞。
> ・ある1つの不特定のもの→不定冠詞。

+α 定冠詞の用法

　ドイツ語では、同じ言葉を何度も使うのを避ける傾向があるため、定冠詞を用いて別の単語に置き換えをすることがあります。

Herr Müller leitet seit 10 Jahren eine Textilfirma. **Der Firmenchef** ist erst 43 Jahre alt.
ミュラー氏は10年前からある紡績会社を経営している。**その社長**はまだ43歳だ。
＊der Firmenchef は Herr Müller の言い換え

Marco arbeitet erst zwei Monate bei einer Versicherungsfirma. **Den Neuling** schätzt seine Chefin aber schon ziemlich hoch.
マルコはある保険会社で働いてまだ2か月だ。だがその新人を、彼の上司はすでにかなり高く評価している。
＊den Neuling は Marco の言い換え

> **もやもや 21** 定冠詞類
>
> welcher, jeder…また格変化を覚えないといけないんですか？

変化の形は、定冠詞の変化に準じるので心配いりません。「どの～？」にあたる疑問詞 welcher は、後に続く名詞の性と文中での格に応じて語尾変化します。

キホンのルール

	男性 （どのケーキ？）	女性 （どのタルト？）	中性 （どのクッキー？）	複数 （どのチョコレート？）
1格	welcher Kuchen	welche Torte	welches Gebäck	welche Schokoladen
2格	welches Kuchens	welcher Torte	welches Gebäcks	welcher Schokoladen
3格	welchem Kuchen	welcher Torte	welchem Gebäck	welchen Schokoladen
4格	welchen Kuchen	welche Torte	welches Gebäck	welche Schokoladen

参考：定冠詞の変化

	男性	女性	中性	複数
1格	der Kuchen	die Torte	das Gebäck	die Schokoladen
2格	des Kuchens	der Torte	des Gebäcks	der Schokoladen
3格	dem Kuchen	der Torte	dem Gebäck	den Schokoladen
4格	den Kuchen	die Torte	das Gebäck	die Schokoladen

・代表的な定冠詞類

welcher（どの）、dieser（この）、jener（あの、例の）、solcher（そのような）、jeder（それぞれの）、mancher（一定数の）、aller（すべての）

ポイント1 変化は定冠詞と同じ

変化の形は、定冠詞の変化に準じます。

Welcher Kuchen hat dir am besten geschmeckt?
– **Dieser Käsekuchen.**
「どのケーキが一番おいしかった？」「このチーズケーキだよ」

Welchen Kuchen nimmst du?
– Ich nehme **diesen Mohnkuchen.**
「どのケーキを注文するの？」「私はこのケシのケーキをもらうよ」

ポイント2 前置詞＋welcher＋名詞

前置詞と用いるときは、前置詞＋welcher＋名詞の順に並べます。

Mit **welcher** Fluggesellschaft fliegen Sie nach Japan?
どの航空会社を利用してあなたは日本に飛ぶのですか？
＊mitは3格支配、Fluggesellschaftは女性名詞

Aus **welchem** Grund haben Sie sich um diese Stelle beworben?
どのような理由から、あなたはこの職に応募されたのですか？
＊ausは3格支配、Grundは男性名詞

ポイント3 その他の定冠詞類

基本的に、jederは名詞の単数形とともに、mancherとallerは複数形とともに用いられます。

Auf **jeden** Fall musst du diese Arbeit machen.
いずれにしても、君はこの仕事をやらなければならない。

In **manchen** Städten ist die Wohnungssuche ziemlich schwierig.
いくつかの町では、住居を探すのがかなり困難です。

Es tut mir Leid, aber **alle** Plätze sind ausverkauft.
すみませんが、すべての席が売り切れです。

練習問題

適切な定冠詞類を選び、名詞の性・数と格に注意して（　）に入れてみよう。
[welcher, dieser, jener, solcher, jeder, mancher, aller]

❶（　　）Hotel gefällt mir. （　　）Zimmer hat ein eigenes Konzept.
　　　　　　　　　　　　　　　　　　　　　　　[n Hotel, n Zimmer]
　このホテルがお気に入りです。どの部屋にも独自のコンセプトがある。

❷ Nicht（　　）Deutsche machen ihren Urlaub in Südeuropa.
（　　）Leute fahren woanders hin.　　　[pl Deutsche, pl Leute]
　すべてのドイツ人が南ヨーロッパで休暇を過ごすわけではない。どこかほかの所に行く人々もいる。

❸ Zu（　　）Zweck brauchst du（　　）große Messer?
　　　　　　　　　　　　　　　　　　　　　　　[n Zweck, n Messer]
　そんな大きな包丁を君はどんな用途に必要としているのか？

❹ Zu（　　）Zeit, wo wir wenig zum Essen hatten, war das Fleisch etwas ganz Besonderes.　　　　　　　　　　　　　　[f Zeit]
　食べものが少なかったあの時代、お肉はすごく特別なものだった。

❺ Aus（　　）Stadt in Japan kommen Sie?　　　　　[f Stadt]
　あなたは日本のどちらの町のご出身ですか？

❻ Hier ist（　　）Café, das in einer Zeitschrift erwähnt wurde.
　ここが雑誌で取り上げられていた例のカフェだよ。　　　[n Café]

❼ Bei（　　）Unwetter darf man nicht ausgehen.　[n Unwetter]
　こんな悪天候の時には外出してはいけないよ。

❽ Wie findest du（　　）Rock?-（　　）Rock meinst du?　[m Rock]
　「君はこのスカート、どう思う？」「どのスカートのことを言っているの？」

すっきり

- 疑問詞welcher「どの〜？」は、後に続く名詞の性・数、文中での格に応じて変化。変化の仕方は定冠詞に準じる。
- dieser「この」、solcher「そのような」、jeder「あらゆる」、aller「すべての」なども同様の変化。

+α　welcherとwas für ein / was für +複数形「どんな種類の〜？」

種類をたずねる際には、was für ein または was für +複数形を用います。 für は4格支配をせず、後に続く名詞の性と数に応じて次のように不定冠詞einを格変化させます。

	男性	女性	中性	複数
1格	was für ein	was für eine	was für ein	was für 複数形
3格	was für einem	was für einer	was für einem	was für 複数形+n
4格	was für einen	was für eine	was für ein	was für 複数形

Was für Bücher lesen Sie gern? - Ich lese gern Romane.
「どんな種類の本を読むのが好きですか？」「長編小説を読むのが好きです」
＊好きな本のジャンルを聞いている

これに対し、welcherを用いると、実際にあるもの、同じ種類のもののなかでの「どれ」が疑問の対象になります。

Welche Bücher leihst du aus?
どの本を借りていくの？
＊図書館にある本のうちのどれを借りるかを聞いている

もやもや 22 nichtの用法

nichtをどこに入れればいいか、よくわかりません。

nichtは基本的に、否定したい語句の前に置きます。全文を否定する場合には、nichtを文末に置きます。

キホンのルール

・keinではなくnichtを用いる場合
① 「定冠詞＋名詞」の否定
② 「定冠詞類＋名詞」の否定
③ 「所有冠詞＋名詞」の否定

・nichtの位置
部分否定の場合→否定したい語句の前にnichtを置く。
全文を否定する場合→文末にnichtを置く。

ポイント1 定冠詞（類）の否定

定冠詞や定冠詞類を伴った名詞を否定する場合はnichtを用います。nichtは通常文末に置きますが、nicht～sondern…「～ではなく…」のように否定するものと対になる名詞がある場合は名詞の前に置きます。

Ich trinke den Weißwein.
→ Ich trinke den Weißwein **nicht**.
　私はその白ワインを**飲まない**。

ほかに飲むワインがある場合は、nichtをWeißweinの前に置きます。
→ Ich trinke **nicht** den Rotwein, **sondern** den Weißwein.
　私は**その赤ワイン**は飲まないが、**あの白ワイン**は飲む。

ポイント2 所有冠詞＋名詞の否定

所有冠詞＋名詞の否定にもnichtを用います。

Er akzeptiert meinen Vorschlag.
→ Er akzeptiert meinen Vorschlag **nicht**.
　彼は私の提案を**受け入れない**。

「私の提案」を受け入れず「ほかの提案」を受け入れる場合。
→ Mein Chef nimmt **nicht** meinen Vorschlag, **sondern** seinen Vorschlag an.
　私の上司は**私の提案ではなく彼の提案を**受け入れる。

ポイント3 A ist B.の否定

A ist B.（AはBだ）の文を否定する場合、nichtはBの前に入れます（A ist nicht B.）。

Das ist der Rotwein, den ich bestellt habe.
→ Das ist **nicht** der Rotwein, den ich bestellt habe.
　それは僕が注文した赤ワインではない。

練習問題

次の文を否定文に直してみよう。

❶ Das ist meine Kamera.　これは私のカメラです。
（部分否定：これは私のカメラではない）
→ _____

❷ Ich kenne den Mann.　私はその男を知っている。
（全文否定：私はその男を知らない）
→ _____

❸ Wir arbeiten sonntags.　日曜日に私たちは働く。
（全文否定：私たちは日曜日に働かない）
→ _____

❹ Wir arbeiten jeden Tag.　私たちは毎日働く。
（部分否定：私たちは毎日働くわけではない）
→ _____

❺ Wir gehen ins Kino.　私たちは映画館に行く。
（部分否定：私たちは映画館には行かない）
→ _____

❻ Sie liebt ihn.　彼女は彼を愛している。
（全文否定：彼女は彼を愛していない）
→ _____

❼ Ich trage heute diese blaue Krawatte.　今日私はこの青いネクタイをする。
（sondern diese schwarze Krawatteを入れて部分否定：私は今日、この青いネクタイではなくこの黒いネクタイをする）
→ _____

> **すっきり**
> ・nichtの位置：否定したい語句の前へ、全文を否定する場合には文末へ。
> ・A ist/sind B. を否定する場合、nichtはBの前へ。
> ・「定冠詞（類）＋名詞」「所有冠詞＋名詞」の否定にはnichtを用いる。

+α 否定を強める gar nicht と nicht + ein

「全然〜ない」のように否定を強める際には、garを加えてgar nichtまたはgar keinで表現します。
Er versteht mich **gar** nicht.
彼は私のことを全然理解していない。
Hast du **gar** keine Frage?
全然質問がないの？

nicht + einを用いると、ein（1つの）の否定に重点が置かれます。
Wir dürfen **nicht eine Sekunde** verlieren.
我々は1秒たりとも無駄にできない。

nicht einmalは、「〜すらない」という強い否定を表します。
Sie hat auf seinen Brief noch nicht geantwortet. Sie hat ihn **nicht einmal** gelesen.
彼女は彼の手紙にまだ返事していない。彼女はそれをまだ読んでもいない。
＊手紙への返事の前提になる読むことすらしていない、という否定

もやもや23　keinの用法

「お腹は空いていません」は Ich habe nicht Hunger. になりますか？

Hunger（空腹）のように、冠詞を伴わずに用いられる名詞（抽象名詞といいます）を否定する場合には、nichtではなく否定冠詞keinを使います。

Hungerは男性名詞なので、男性4格のkeinenを用います。

キホンのルール

keinの格変化

	男性	女性	中性	複数
1格	kein Pullover	keine Hose	kein Hemd	keine Schuhe
2格	keines Pullovers	keiner Hose	keines Hemdes	keiner Schuhe
3格	keinem Pullover	keiner Hose	keinem Hemd	keinen Schuhen
4格	keinen Pullover	keine Hose	kein Hemd	keine Schuhe

ポイント1　「不定冠詞＋名詞」の否定

「不定冠詞（ein）＋名詞」を否定するときは否定冠詞を用います。

Was er gesagt hat, ist eine schlechte Idee.
彼が言ったことは悪い考えだ。

→ Was er gesagt hat, ist **keine** schlechte Idee.
彼が言ったことは悪い考えではない。

ポイント2 「無冠詞＋複数名詞」の否定

不定冠詞einは「1つの〜」を意味するので、名詞の複数形にはつけませんが、否定する場合には否定冠詞keinを使います。

Hast du Geschwister? - Nein, ich habe **keine** Geschwister.
「君には兄弟姉妹はいるの？」「いや、僕には兄弟姉妹はいないよ」
（Geschwisterは無冠詞）

Da ich zu Hause viele Schuhe habe, kaufe ich **keine** neuen Schuhe **mehr**.
私は家にたくさん靴を持っているので、これ以上新しい靴は買わない。
＊ kein ＋名詞＋ mehr：もはや〜ない

ポイント3 抽象名詞の否定

Hunger（空腹）のほか、Durst（のどの渇き）、Zeit（時間）、Lust（〜する気）、Glück（幸運）など定量化できない抽象名詞の否定においても否定冠詞を用います。

Hast du Durst? - Nein, ich habe momentan **keinen** Durst.
「君はのどは渇いている？」「いえ、今のところ、のどは渇いていないよ」
＊Durstは肯定文では無冠詞

ただし、Zeitは定冠詞を伴って特定の時間・時期を指すこともできるので、否定文でnichtを用いることもあります。
Jetzt ist *nicht* <u>*die Zeit*</u> für eine Investition. 今は投資すべき時ではない。

練習問題

名詞の性と格に注意して、不定冠詞einまたは否定冠詞keinを、（　）内に適切な形にして入れてみよう。

❶ Ist das (　　) Theater? - Nein, das ist (　　) Theater. Das ist
   (　　) Opernhaus.　　　　　　　　　　[n Theater, n Opernhaus]
   「これは劇場ですか？」「いえ、これは劇場ではありません。オペラ座です」

❷ Haben Sie (　　) Frage? - Doch, ich habe noch (　　) Frage.
   「質問はないですね？」「いえ、もう1つ質問があります」

❸ Wo ist denn Diana? – Ich habe (　　) Ahnung.
   「ディアナはいったいどこにいるの？」「わからないよ」

❹ Kannst du mir (　　) Stift leihen? - Es tut mir leid, aber ich habe
   jetzt (　　) Stift.　　　　　　　　　　　　　　　[m Stift]
   「ペンを1本貸してくれない？」「ごめん、今ペンを持ってないんだ」

❺ Kommst du auch zur Party mit? - Nein, ich habe (　　) Lust darauf.
   　　　　　　　　　　　　　　　　　　　　　　　　[f Lust]
   「君も一緒にパーティーに来る？」「やめとくよ、行く気がしないんだ」

❻ In (　　) anderen Städten in Deutschland gibt es so viele schöne
   Schlösser wie in Füssen.　　　　　　　　　　　[pl Städten]
   ドイツのほかのどの町にも、ヒュッセンほど多くの美しいお城はない。

❼ Ist alles in Ordnung? - Ja, es gibt (　　) Problem.
   「すべて大丈夫ですか？」「ええ、何も問題ありません」

> **すっきり**
>
> ・否定冠詞の変化は不定冠詞 ein に準じる。
> ・否定冠詞 kein を用いるのは、
> ①「不定冠詞 ein ＋名詞」「無冠詞＋名詞の複数形」を否定する場合。
> ②無冠詞で使われる、数えられない名詞を否定する場合。

+α　Ich bin Japaner. の否定文は？

　文法的には、Japaner に冠詞はなく、抽象名詞でもないため、否定には nicht を用います（Ich bin nicht Japaner.）。しかし、口語では Ich bin kein Japaner. を使うほうが一般的です。

　かつて、アメリカのケネディー大統領が1964年に、旧西ベルリンの市庁舎前で „Ich bin ein Berliner."（私は1人のベルリン市民だ）と叫んだことは有名です。よって、「私も1人の日本人だ（数ある日本人のうちの1人だ）」という意味で、Ich bin ein Japaner. と言うこともできますから、これを否定すれば kein を用いて Ich bin kein Japaner. とも言えるのです。

　文法的には nicht が正しいが、口語では kein を用いると考えてください。

もやもや24 指示代名詞 das

dasの後に名詞がありませんが何を指すのでしょう?

dasは定冠詞のほかに、指示代名詞としても用いられます。物や人を指して「これ・それ」「これら・それら」の意味で、また前の文や発言の内容を受けて「そのこと」という意味で使います。

キホンのルール

・指示代名詞として単独で用いる。
 「これ・それ」「これら・それら」(性や数に関係なく用いる)
 「それ、そのこと」(前の文や発言を受ける)

ポイント1 指示代名詞「これ・それ」

das単独で、指示代名詞として「これ・それ」「これら・それら」の意味で用いることもできます。その際、動詞の人称変化は、指している物や人の人称や数と一致させます。

Das ist mein Freund Rudolf, und **das** sind seine Eltern.
こちらが私の彼氏のルドルフよ。そしてこちらが彼の両親よ。

*前半では、指しているのが3人称単数なので動詞seinはistに、後半は両親＝複数なのでsindになる

Ist **das** das alte Foto deiner Familie? Der Junge in der Mitte, **das** bist du, oder?
これって君の家族の昔の写真？　真ん中のこの子、これが君でしょ？

Was ist **das** hier? - **Das** ist das Albertina, ein Museum.
「ここにあるのは何ですか？」「これはアルベルティーナという美術館です」

ポイント2　前文を受けるdas

前の文や発言の内容を受けるときにもdasを用います。

Die Disko war zu laut und verraucht. **Das** gefiel meiner Freundin nicht.
ディスコはうるさすぎたしタバコの煙が充満していた。そのことが私の彼女には気に入らなかった。
＊dasは「ディスコがうるさくてタバコの煙が充満していたこと」

Wissen Sie, wo die Müllerstraße ist?- **Das** weiß ich leider nicht.
「ミュラー通りがどこにあるかご存じですか？」「残念ながらそのことを私は知りません」
＊dasは「ミュラー通りがどこにあるか」という疑問を受ける

練習問題

ヒントを参考に、das を使って作文してみよう。

❶ 「こちらはどなたですか？」「こちらはクラウゼさん、私の同僚です」
[wer, Frau Krause, ⓕ Kollegin]

___

❷ バスルームには窓がない。でもこのことは問題ではない。
[ⓝ Bad, haben, ⓝ Fenster, aber, nicht problematisch]

___

❸ 列車はよく遅延する。それが腹立たしい。
[ⓟⓛ Züge, Verspätung haben, oft, ärgerlich]

___

❹ ベルリンは多様な文化にあふれている。それを私は素晴らしいと思う。
[Berlin, sein, multikulturell, finden, toll]

___

❺ 「（写真を指して）これは君の母親かい？」「いや、これは僕の叔母だよ」
[deine Mutter, meine Tante]

___

❻ 僕は君に50ユーロ貸すよ。これで十分かい？
[leihen, dir, genug]

dasの用法
・指示代名詞として、単独で使う。
　①事物や人を指して「これ・この人」「これら・これらの人々」（動詞の変化は指すもの人称と数に応じる）。
　②前の文や発言の内容を受けて「このこと・そのこと」。

dasとdass

　定冠詞のdas「その〜」、指示代名詞のdas「それ（ら）・これ（ら）」、定関係代名詞のdas、従属接続詞のdass「〜ということ」の発音はいずれも「ダス」ですから、文中で何度も「ダス」と聞こえることもあります。それぞれの用法に注意して読んでみましょう。

Das　ist　das Buch, das ich lesen will.
指示代名詞　定冠詞　　　関係代名詞
これが、私が読みたいと思っている本だ。

Wissen Sie schon, dass　das　das berühmte Café „Sacher" ist?
　　　　　　　　　　従属接続詞　指示代名詞　定冠詞
こちらがあの有名なカフェ「ザッハー」であることをご存知ですか？
＊ Das ist das Café „Sacher" を dass を用いて副文にしたもの

> **もやもや 25** 単数形と複数形
>
> 「ビール2つ」はzwei Biereでいいですか？

基本的に、ビールやワイン、コーヒーなど数えられないものは単数形で表し、グラスやジョッキ、カップ、瓶や缶の数で「1つ、2つ…」を表現します。

キホンのルール

複数形には、主に6つの形があります。

①語尾にeをつける（ウムラウトがつく場合もあり）
das Bein → die Beine（脚）、der Fuß → die Füße（足）

②語尾にnをつける
die Flasche → die Flaschen（瓶）、die Dose → die Dosen（缶）

③語尾にenをつける
die Zeitung → die Zeitungen（新聞）

④語尾にerをつける（ウムラウトがつく場合もあり）
das Feld → die Felder（畑）、der Wald → die Wälder（森）

⑤単複同形（ウムラウトがつく場合もあり）
der Reifen → die Reifen（タイヤ）、der Sattel → die Sättel（サドル）

⑥語尾にsをつける（外来語など。複数3格でも語尾にnをつけない）
das Handy → die Handys（携帯電話）

ポイント1　複数形の定冠詞

数えられる名詞には複数形があります。名詞の性にかかわらず、複数形の定冠詞はdie, der, den, dieです。

```
単数            複数
das Buch    →   die Bücher
der Hunger  →   複数形なし
```

「1.5」なども複数形にします。
eine Million 100万 → 1,5 Millionen 150万

ポイント2 飲み物の数え方

　飲み物の複数形は「数詞＋単位になるものの複数形＋飲み物（単数形）」で表現します。なお、単位としてのGlasやMaßは単複同形です。単数形の場合は不定冠詞einを用いるので、性や格により語尾が変化します。

カップ1杯のコーヒー：eine Tasse Kaffee → 2杯：zwei Tassen Kaffee
小ポット1杯の紅茶：ein Kännchen Tee → 2杯：zwei Kännchen Tee
＊縮小形-chenのついた名詞は常に単複同形
グラス1杯のワイン：ein Glas Wein → 2杯：zwei **Glas** Wein
1リットルジョッキ1杯のビール：ein Maß Bier → 2杯：zwei Maß Bier
コーラの瓶1本：eine Flasche Cola → 2瓶：zwei Flaschen Cola
ビール1缶：eine Dose Bier → 2缶：zwei Dosen Bier
ビール1ケース：ein Kasten Bier → 2ケース：zwei Kasten Bier
＊Kastenの複数形は通常Kästenだが、単位として用いる際は単複同形

ポイント3 Weine、Biereは種類を表す

　種類を表す場合のみ、WeinやBierの複数形を用います。
Es gibt verschiedene Biere in München wie Paulaner, Spaten oder Augustiner.
ミュンヘンにはパウラーナーやシュパーテン、アウグスティーナーなどさまざまなビールがある。

練習問題

[ ] 内の名詞を複数形にして（ ）に入れてみよう。

❶ Wir möchten zwei (　　　) nach Prag.　　　　[f Fahrkarte]
プラハ行きの切符を2枚いただきたいのですが。

❷ Haben Sie noch einen Tisch für vier (　　　) frei?　　[f Person]
4人用のテーブルはまだ空いていますか？

❸ Man braucht mehr Kitas für alleinerziehende (　　　). [f Mutter]
シングルマザーのためにより多くの託児所が必要です。
＊Kita: Kindertagesstätte（託児所）の略, alleinerziehend 1人で子育て中の

❹ In den meisten deutschen (　　　) kann man auch Alkohol trinken.　　　　　　　　　　　　　　　　　　　　　　　[n Café]
ドイツのたいていのカフェではアルコールも飲めます。

❺ Ich bezahle drei (　　　) Rotwein und mein Mann bezahlt zwei (　　　) Bier.　　　　　　　　　　　　　　[n Glas, f Flasche]
私は赤ワイン3杯のお代を払います。私の夫はビール2本のお代を支払います。

❻ Alle (　　　) sind schon ausgebucht.　　　　　　[m Flug]
すべての航空便が予約済みです。

❼ In Bayern gibt es viele schöne (　　　).　　　　[n Schloss]
バイエルンにはたくさんの美しいお城があります。

❽ Wir haben heute besondere (　　　) aus Japan.　　[m Gast]
今日私たちは日本から特別なお客様を迎えています。

> **すっきり**
> ・複数形のパターンは主に6つ：-e, -n, -en, -er, 単複同形, -s
> ・飲み物の複数形は、単位となる容器を複数形にして表現。
> ・BierやWeinの複数形は、種類を指す時にのみ使う。

+α　注文するときの数え方

口語では「数詞（+mal）＋飲み物（単数）」で飲み物を注文できます。

リンゴジュース2つ：zwei Apfelsaft またはzweimal Apfelsaft
赤ワイン3つ：drei Rotwein またはdreimal Rotwein

＊zweimalは本来「2回、2倍」を意味しますが、口語では「2つ」の意味でも使われます

・**0.5リットル（500ml）のワインやビール**
「半分」を意味するhalbの名詞形を使います。（形容詞の語尾変化に準じる）
　1つ：ein Halbes → 2つ以上：zwei Halbe, drei Halbe…
・**カートン：Stange（複数形Stangen）**
タバコ1カートン：eine Stange Zigaretten → 2カートン：zwei Stangen Zigaretten

＊タバコの場合、1カートンに複数のタバコが入っているのでZigaretteを複数形にする

・**ダース：Dutzend（単複同形）**
鉛筆1ダース：ein Dutzend Bleistifte → 2ダース：zwei Dutzend Bleistifte

もやもや26 所有冠詞の用法

sein Vater「彼のお父さん」は2格じゃないの？

「彼の父」の「の」にあたる部分は所有冠詞seinに含まれています。そのため、sein「彼の〜」だけでは格を特定することはできません。「彼の父」をひとまとまりのセットにしたうえで、「彼の父が」「彼の父を」など、文中でどんな役割を果たすか（主語なのか目的語なのか）を考えます。

キホンのルール

所有冠詞では「私の〜の」の後ろの「の」が2格であることに注意。「所有冠詞＋名詞」をセットで考え、その名詞の性と格に応じて所有冠詞の語尾を変化させます。「彼の父**は**」「彼の父**の**〜」「彼の父**に**」「彼の父**を**」

所有冠詞の種類

人称代名詞	ich	du	er	sie	es	wir	ihr	sie	Sie
所有冠詞	mein	dein	sein	ihr	sein	unser	euer	ihr	Ihr

ポイント1 所有冠詞の人称変化

不定冠詞 ein の変化に準じます。ただし、「1つの」を表す ein は複数形にはつけられないのに対し、meine Brüder「私の兄弟」のように所有冠詞は複数形につけることができます。

	彼女の夫	彼女の時計	彼女の携帯電話	彼女の同僚たち
1格	ihr Mann	ihre Uhr	ihr Handy	ihre Kolleginnen
2格	ihres Mannes	ihrer Uhr	ihres Handys	ihrer Kolleginnen
3格	ihrem Mann	ihrer Uhr	ihrem Handy	ihren Kolleginnen
4格	ihren Mann	ihre Uhr	ihr Handy	ihre Kolleginnen

ポイント2 所有冠詞の1〜4格の用法

1格：sein Vater「彼の父が・彼の父は」
Otto und **sein Vater** sind beide Lehrer.
オットーと彼の父はどちらも教員だ。

2格：seines Vaters「彼の父の〜」
Peter fährt manchmal das Auto **seines Vaters**.
ペーターは時々、彼の父親の車を運転する。

3格：seinem Vater「彼の父に」
Johann schenkt **seinem Vater** eine Krawatte.
ヨハンは彼の父親にネクタイを1本贈る。

4格：seinen Vater「彼の父を」
Georg ruft **seinen Vater** selten an.
ゲオルクはめったに彼の父に電話しない。

練習問題

名詞の性と格に注意して、(　)に所有冠詞を変化させて入れてみよう。

❶ Käthe ist (　) Tante. Ich bin (　) Nichte.
ケーテは私の叔母です。私は彼女の姪です。

❷ Wo wohnt (　) Freund, Elke? – (　) Freund wohnt in Hannover.
「エルケ、君の彼氏はどこに住んでいるの？」「私の彼氏はハノーファーに住んでいるよ。」

❸ Petra kocht oft für (　) Vater.
ペトラはよく彼女の父のために料理をする。

❹ (　) Mitbewohner putzt nie (　) Zimmer.
[m Mitbewohner, n Zimmer]
私の同居人は自分の（＝彼の）部屋を決して掃除しない。

❺ Wegen der harten Konkurrenz können wir (　) Geschäft nicht weiterführen. [n Geschäft]
厳しい競争のため、私たちは私たちのビジネスを続けられません。

❻ Leon und Bertha, wie findet ihr (　) neuen Lehrer? [m Lehrer]
レオンとベァタ、君たちは君たちの新しい先生をどう思う？

❼ Bitte schalten Sie (　) Handy aus. Bald beginnt das Konzert.
[n Handy]
あなたの携帯電話のスイッチを切ってください。間もなく開演です。

> **すっきり**
>
> 所有冠詞を変化させる際は、「私の〜・君の〜」をセットで考え、所有冠詞に続く名詞の性・数・格に合わせる（「私の〜が、君の〜を」など）。「私の」の「の」はmeinに含まれているので2格と混同しない。

+α 不定代名詞の所有冠詞 sein と ihr

　jeder（誰もが）、niemand（誰も〜ない）、man（人々は）など、単数形の不定代名詞の所有冠詞にはseinを用います。

In diesem Park kann **jeder** *seine Freizeit* genießen.
この公園では、誰もが自分の自由時間を満喫することができます。
Niemand möchte *seine Freizeit* verlieren.
誰も自分の自由時間を失いたくはない。

　また、alle（すべての人々）、viele（多くの人々）、manche（一定数の人々）、einige（何人かの人々）、wenige（わずかな人々）などの複数人を表す不定代名詞では、所有冠詞にihr（彼ら、彼女らの）を用います。

In Deutschland verbringen **viele** die Weihnachtszeit mit *ihrer Familie* .
ドイツでは多くの人々が家族と一緒にクリスマスの時期を過ごします。

> もやもや 27　比較級と最上級

「もっといい方法」や「一番高い山」はどう表現したらいいですか？

比較級や最上級でも、名詞を修飾する時には語尾変化が必要です。「よりよい」ならgutの比較級besserに、「一番高い」ならhochの最上級höchstに形容詞の変化語尾が加わります。

キホンのルール

比較級：形容詞＋er、最上級：形容詞＋st
名詞を修飾する場合、必ず語尾をつけます。

	原級 →	比較級 →	最上級
美しい	schön	schöner	schönst
速い	schnell	schneller	schnellst
安い	billig	billiger	billigst
高価な	teuer	teurer	teuerst/teurest
古い	alt	älter	ältest
高い	hoch	höher	höchst
よい	gut	besser	best
多い	viel	mehr	meist

ポイント1　比較級の付加語的用法

「よりよい品質」など名詞にかかる付加語的用法では、「形容詞＋er」に形容詞の語尾変化を加えます。

Smartphones haben eine **bessere Qualität** als normale Handys.
スマートフォンは通常の携帯電話に比べ**より優れた品質**を有する。

＊besserが女性名詞Qualitätにかかっており、また動詞habenの目的語（品質を）なので4格。よって女性4格の語尾eがbesserに加わる

ポイント2　最上級の付加語的用法

「der/die/das 最上級＋形容詞の変化語尾」となります。

Der Großglockner ist **der höchste Berg** in Österreich.
グロースグロックナーはオーストリアで一番高い山だ。

＊最上級においては、名詞は特定されているので定冠詞とともに用いる。ここでは男性名詞Bergにかかり、1格（同格）なので語尾はeとなる

ポイント3　比較の度合い

viel（…よりもずっと〜）、ein bisschen/ein wenig/etwas（…よりもやや〜）で比較の度合いを表します。

Der Fuji ist **viel höher** als der Berg Tsukuba.
富士山は筑波山よりずっと高い。
Morgen wird es **etwas kälter** als heute.
明日は今日よりもやや寒くなるでしょう。

immer＋比較級「ますます〜・どんどん〜」で、形容詞の意味合いを強めます。

Die Kluft zwischen Armen und Reichen wird **immer größer**.
貧富の差（貧しい人と豊かな人の間の溝）がどんどん大きくなっていく。

練習問題

[　]内の形容詞を比較級または最上級にして、必要があれば語尾も補って（　）に入れてみよう。

❶ In Berlin sind die Mietpreise deutlich (　　　) als in München. [niedrig]
ベルリンでは家賃はミュンヘンより明らかに安い。

❷ Der (　　　) Fluss in Japans heißt „Shinanogawa". [lang]
日本で一番長い川は「信濃川」と言います。

❸ Welche Stadt hat (　　　) Einwohner, Tokyo oder Berlin? [viel]
東京都とベルリン、どちらが人口をより多く抱えていますか？（副詞的）

❹ Das (　　　) Handymodell kommt bald auf den Markt. [neu]
携帯電話の最新モデルが間もなく市場に出回ります。

❺ Bis zur (　　　) Bushaltestelle muss man 20 Minuten laufen. [nah]
一番近くのバス停まで、20分歩かなくてはなりません。

❻ Haben Sie noch (　　　) Pullis? [groß]
もっと大きなセーターはありませんか？

❼ Wer von euch kann (　　　) kochen? [gut]
君たちのうちの誰が一番上手に料理できるの？

❽ Darf ich heute etwas (　　　) Feierabend machen? [früh]
今日は少し早目に仕事を上がらせてもらえませんか？

❾ Rothenburg ist für Japaner eine der (　　　) Städte. [populär]
ローテンブルクは日本人にとって最も人気のある町のうちの１つです。

❿ Können Sie bitte (　　　) sprechen? [laut]
もう少し大きな声で話していただけませんか？

> **すっきり**
>
> ・比較級・最上級においても、付加語的に用いられる（名詞にかかる）時には形容詞の変化語尾を加える。
> ・最上級では、述語的・副詞的な用法においてはam -stenの形に、付加語的用法ではder/die/das -ste 〜またはdie -sten 〜（複数形）となる。

+α 「わりと…」「極めて…」

　比較の対象がなくても、比較級を用いると「わりと〜な・やや〜な」と表現できます。同様に最上級も、比較対象なしに用いると「極めて〜な・非常に〜な」という意味になります（絶対比較級・絶対最上級）。

Das ist eine leichtere Aufgabe.
それは割とやさしい課題だ。
Mit äußerster Kraft beschäftigt er sich mit diesem Projekt.
彼は全力でそのプロジェクトに取り組んでいる。

　je 比較級＋desto/umso 比較級で「〜であればあるほど、ますます…だ」を表します。

Je älter man wird, **desto früher** wacht man morgens auf.
歳をとればとるほど、人はますます朝早起きになる。

もやもや 28　wo＋前置詞、da＋前置詞

darüberやworüberを使いこなせません。

daは、前文の内容を受けたり、文の後半に続く副文やzu不定詞句の内容を先取りします。前文に続くdarüberは「そのことについて」、後半を先取りすれば「以下のことについて」の意味です。また疑問文や関係文にはwo＋前置詞を用います。

キホンのルール

	da	wo
auf	darauf （それ・以下のことについて）	worauf （その・何の上で）
aus	daraus （その・以下のことから）	woraus （そこ・何から）
für	dafür （その・以下のために）	wofür （その・何のために）
gegen	dagegen （それに・以下のことに対し）	wogegen （それ・何に対し）
mit	damit （それと・以下のこととともに）	womit （それに・何に対して）
von	davon （その・以下のうちの）	wovon （そこ・何から）
über	darüber （それ・以下のことに関して）	worüber （それ・何に関して）

母音で始まる前置詞には、語調を整えるためにrを入れます。

ポイント1 「そのことについて」「以下のことについて」darüber

Das Wetter war herrlich. **Darüber** habe ich mich sehr gefreut.
天気は素晴らしかった。そのことについて、私は大いに喜んだ。

＊「天気がよかったこと」はüber（～について）の内容なので、前文の内容をdarで受け、überと結合させる。über dasとは言わない

ポイント2 疑問文・関係文ではworüber

Das Wetter war herrlich. **Darüber** habe ich mich sehr gefreut. は、関係代名詞worüberを用いて1文にできます。

→Das Wetter war herrlich, **worüber** ich mich sehr gefreut habe.
天気は素晴らしく、そのことについて私は大いに喜んだ。

darüberで受けていた部分を、関係代名詞worüberに変えて2文をコンマでつなぎ、関係文中の動詞を後置します（副文にする）。

über以下をたずねる際には、über wasではなくworüberを使います。

Worüber haben Sie sich gefreut?
何をあなたは喜んだのですか？

- Ich habe mich **über das herrliche Wetter** gefreut.
私は素晴らしい天気を喜んだ。

＝Ich habe mich **darüber** gefreut, **dass** das Wetter herrlich war.
私は以下のこと、つまり天気が素晴らしかったことを喜びました。

練習問題

[　] 内の慣用表現を参考にして、(　) に適切な語を補ってみよう。

❶ (　　　) interessierst du? - Ich interessiere mich für Mode.
「君は何に興味がありますか？」「私はファッションに興味があります」
[sich für et⁴ interessieren：〜に興味を持つ]

❷ England hat gegen Dänemark verloren, (　　　) ich gar nicht gerechnet habe.
イングランドがデンマークに負けたが、このことを私は全く予想していなかった。
[mit et³ rechnen：〜を予想する]

❸ Ich freue mich sehr (　　　), Sie bald wiedersehen zu können.
私は次のことを楽しみにしています、あなたにもうすぐ会えることを。
[sich auf et⁴ freuen：〜を楽しみにする]

❹ Pauls Freundin hat seinen Geburtstag vergessen. (　　　) hat er sich geärgert.
パウルの彼女は彼の誕生日を忘れていた。そのことで彼は腹を立てた。
[sich über et⁴ ärgern：〜のことで腹を立てる]

❺ (　　　) wartest du denn? Ich warte auf das Packet aus England.
「君は何を待っているの？」「イギリスからの小包を待っているんだ」
[auf et⁴ warten：〜を待つ]

❻ Die Züge haben oft Verspätung. Man muss immer (　　　) aufpassen.
列車はよく遅延します。そのことに気をつけないといけません。
[auf et⁴ aufpassen：〜に気をつける]

❼ Er war gestern ziemlich besoffen, (　　　) er sich aber nicht erinnert.
彼は昨日かなり酔っぱらっていた、しかしそのことを彼は覚えていない。
[sich an et⁴ erinnern：〜を覚えている]

❽ (　　　) wirkt das Medikamente?
この薬は何に効きますか？
[gegen et⁴ wirken：〜に効く・効果がある]

> **すっきり**
>
> da＋前置詞：
> ・前文を前置詞で受ける場合。
> ・前置詞が副文やzu不定詞句を先行して受ける場合。
> wo＋前置詞：
> ・前半の内容を前置詞で受けて関係節にする場合。
> ・前置詞に続く事柄をたずねる場合。

+α

wo＋前置詞の疑問文

wo＋前置詞の疑問文は、物事についてたずねる場合にのみ使えます。人についてたずねる場合は、前置詞＋疑問代名詞wer（格変化する）を使います。

「誰を待っているのですか？」 ＊ auf *et⁴/jn* warten：〜を待つ
×Worauf warten Sie?（これは「何を待っているか」にしか使えない）
○**Auf wen** warten Sie?（werの4格wenを前置詞aufの後に置く）

「誰と街に出かけますか？」
×Womit fährst du in die Stadt?（これは「何を使って街に行きますか」の意味）
○**Mit wem** fährst du in die Stadt?

もやもや 29 副詞の用法

schonを「もう」と訳すと意味が通らないのですが…。

schonには、「どうせ・せっかく〜なのだから」という意味もあります。schonのように動詞や形容詞を修飾して、動作の様子や形容詞の程度などを表すものを副詞といいます。語尾変化はなく、修飾したい語の前に置かれます。

キホンのルール

- 副詞は動詞や形容詞を修飾する。
- 語尾変化・人称変化はしない。
- 微妙なニュアンスや感情表現を伝えることができる。

ポイント1 副詞の役割

・形容詞を修飾する

Das ist ein sehr guter Wein.

これは**とても**よいワインです。

・動詞を修飾する

Über das Geschenk hat sie sich sehr gefreut.

そのプレゼントを彼女は**とても**喜んだ。

形容詞も副詞的に用いて動詞を修飾することができます。

Der Wein schmeckt gut.

そのワインはおいしい（**よい味がする**）。

また、副詞は副詞的に使われる形容詞も修飾できます。

Er hat sehr fließend Deutsch gesprochen.

彼はとても流暢にドイツ語を話した。

ポイント2　感情を表現する副詞

・**denn**（疑問文で：そもそも、いったい）

Woher kommst du **denn**?
君はそもそもどこの出身なんだっけ？

・**ja**（～ではないか）

Leg dich hin! Du siehst **ja** blass aus!
ここに横になりなよ。君は顔が真っ青じゃないか。

・**doch**（だって…なのだから：釈明する時に使う）

Trinkst du keinen Alkohol? - Nein, ich bin **doch** erst 17.
「君はお酒は飲まないの？」「うん、だって僕はまだ17歳なんだから」

・**schon**（wennの条件文で：どうせ～なのだから、せっかく～なので）

Wenn wir **schon** nach Europa fliegen, möchten wir auch Paris und London sehen.
せっかくヨーロッパまで飛ぶのだから、私たちはパリやロンドンも見たい。

・**schließlich**（結局は～なので、何と言っても～だから）

Ich habe mich für den Film entschieden. **Schließlich** mag ich die Hauptdarstellerin.
僕はその映画を見ることに決めた。何と言ってもその主演女優が好きだからだ。

練習問題

( ) に入る適切な語を選んで入れてみよう。
[denn, doch, ja, mal, schließlich, schon]

❶ Bist du (   ) mit der Hausaufgabe fertig?
もう宿題は終わったの？

❷ Sind Sie mit unserem Service nicht zufrieden? - (   ), er war hervorragend.
「私どものサービスに何かご不満がありましたか？」「いえいえ、素晴らしかったですよ」

❸ Was? Habt ihr euch verlobt? Warum habt ihr mir das (   ) nicht gesagt?
え？　君たち婚約したの？　なぜ僕にそれを言わなかったんだよ？

❹ Ken spricht natürlich perfekt Französisch. Er ist (   ) in Frankreich aufgewachsen.
ケンはもちろん完璧にフランス語を話す。何しろ彼はフランスで育ったんだから。

❺ Hört (   ) zu! Was ich jetzt euch sage, ist etwas kompliziert.
ちょっとよく聞いて。これから言うことはちょっとややこしいことなんだ。

❻ Der Kuchen ist lecker. Du hat (   ) ihn recht gut gemacht.
このケーキ、おいしいよ。君はそれをほんとに上手に作ったんだねえ。

❼ Wenn ich (   ) einigermaßen Deutsch gelernt habe, möchte ich weiter die Sprache weiter vertiefen.
せっかくある程度ドイツ語を学んだのだから、さらにこの言語を深めたいと思います。

❽ In so kurzer Zeit kann ich nicht alle Fragen beantworten. Ich bin (   ) kein Genie.
こんな短い時間にぜんぶの問題には答えられないよ。だって僕は天才じゃないんだから。

> **すっきり**
> ・副詞は動詞や形容詞を修飾する。
> ・語尾変化・人称変化しない。
> ・微妙なニュアンスや感情表現を伝えることができる。

+α　　erst

よく使われますが、意味がたくさんあるので特に注意が必要です。

①形容詞として「第1の・最上の」
In Japan beginnt das Finanzjahr am **ersten** April.
日本では会計年度は4月1日に始まる。
Er fährt immer in der **ersten** Klasse. 彼はいつも1等車に乗る。

②副詞として
「まず、最初に」
Ich gehe **erst** nach Hause, dann gehe ich abends aus.
僕はまず家に帰って、それから夕方に外出する。
「まだ、ようやく」
Herr Huber arbeitet **erst** drei Wochen hier.
フーバーさんはここで働くようになってまだ3週間です。
「やっと、ようやく」
Erst heute erfuhr ich, dass die Tagung abgesagt wurde.
今日になって私はようやく、会議が中止になったことを知った。

もやもや30　人称代名詞

3格・4格の人称代名詞の語順がわかりません。

ドイツ語では、基本的に「3格→4格：～に…を」の順で目的語を並べますが、「3格が一般名詞＋4格が人称代名詞」の場合と「3格と4格がいずれも人称代名詞」の場合には、「4格→3格：…を～に」の順に並べます。

キホンのルール

人称代名詞の変化

1格	ich	du	er	sie	es	wir	ihr	sie	Sie
3格	mir	dir	ihm	ihr	ihm	uns	euch	ihnen	Ihnen
4格	mich	dich	ihn	sie	es	uns	euch	sie	Sie

・基本的な語順
主語＋動詞＋間接目的語（3格）＋直接目的語（4格）．
Die Empfangsdame zeigt den Gästen den Weg zum Messegelände.
　　主語（1格）　動詞　間接目的語（3格）　直接目的語（4格）
フロント係の女性は、お客さんたちに見本市会場への道順を教える。

ポイント1 人称代名詞を一般名詞より先に置く

・3格が人称代名詞・4格が一般名詞の場合

主語＋動詞＋間接目的語（3格）＋直接目的語（4格）．

Sie zeigt *ihnen* den Weg zum Messegelände.
彼女は彼ら（お客さんたち）に見本市会場への道順を教える。

・3格が一般名詞・4格が人称代名詞の場合

主語＋動詞＋直接目的語（4格）＋間接目的語（3格）．

Sie zeigt *ihn* den Gästen.
彼女はそれ（見本市会場への道順）をお客さんたちに教える。

ポイント2 3格・4格がいずれも人称代名詞の場合は「4格→3格」

Schenkst du deiner Schwester diesen Schal?
　　　　　　　　3格　　　　　4格

-Ja, ich schenke ihn ihr.
　　　　　　　　4格 3格

「君は妹にこのマフラーを贈るの？」「うん、僕はそれを彼女にあげるよ」

　3格・4格の目的語を強調したい場合は、いずれかを文頭に置くことも可能です。

Ich schenke ihn ihr. 私はそれを彼女に贈る。
　　　　　　4格 3格

→ Ihn schenke ich ihr. それを私は彼女に贈る。
　 4格　　　　　　　　3格

→ Ihr schenke ich ihn. 彼女に私はそれを贈る。
　 3格　　　　　　　　4格

練習問題

A 下線部を人称代名詞にして、語順に注意して書き換えてみよう。

❶ <u>Annette und ich</u> finden <u>diese Wohnung</u> nicht so schön.
アンネッテと私はこの住居をあまりよいとは思っていない。
→ _____ .

❷ Ich schreibe <u>meinem Lehrer</u> <u>eine E-Mail</u>.
私は私の先生に1通の電子メールを書く。
→ Ich schreibe _____ .

❸ <u>Renate</u> bringt ihrer Mutter <u>den selbstgebackenen Kuchen</u>.
レナーテは彼女の母のもとに手作りのケーキを持っていく。
→ _____ ihrer Mutter.

❹ <u>Paula</u> schickt <u>ihren Eltern</u> <u>das Packet</u>.
パオラは彼女の両親にその小包を送る。
→ _____ .

B 次の質問に、人称代名詞を使って答えてみよう。

❺ Bringen Sie mir das Dokument?
私にその書類を持って来てくれませんか？
Ja, _____ .

❻ Kannst du uns die Bücher leihen?
私たちにそれらの本を貸してくれない？
Nein, leider kann ich _____ nicht leihen.

すっきり

- 目的語の語順は、**基本的には3格→4格**。
- 3格・4格がどちらも人称代名詞なら**4格→3格**。
- 3格が一般名詞、4格が人称代名詞の場合も**4格→3格**。

+α 「彼女は自分に服を買う」は何と言う？

Sie kauft ihrer Mutter die Hose.（彼女は彼女の母にそのズボンを買う）を人称代名詞に置き換えると、以下のようになります。

Sie kauft sie ihr.
彼女はそれを彼女に買う。

sie（彼女は）とihr（彼女に）は別の人を指します。彼女が彼女本人のためにズボンを買う場合、主語と目的語が同1人物であることを示す再帰代名詞を用います。

Sie kauft sich sie.
彼女は自分用にそれを買う。

練習問題の解答

1 2格の用法
❶ des Cafés ❷ der Lehrerin ❸ seiner Mutter ❹ ihres Freundes
❺ eines Publikums ❻ des Krieges ❼ einer Geige ❽ der Bank
❾ des Unfalls ❿ der Wiedervereinigung

2 3格の用法
❶ mir, ihm ❷ Ihnen, uns ❸ ihrer Chefin ❹ Wem, dir, meinem Bruder
❺ den Bürgern ❻ den Politikern ❼ euch

3 4格の用法
❶ den Schal, ihn ❷ wen, die Pfeife, sie, meinen Großvater
❸ den ganzen Tag ❹ Nächsten Monat, eine Dienstreise
❺ meinen Chef ❻ meine Zukunft ❼ mich

4 再帰代名詞の3格
❶ mir ❷ dir ❸ sich ❹ sich ❺ dir ❻ mir ❼ euch ❽ uns

5 形容詞
❶ neue ❷ zwanzigsten ❸ kleines ❹ leckere ❺ großen ❻ graue
❼ deutschen, kaltes ❽ guter

6 関係代名詞
❶ die ❷ den ❸ was ❹ dem ❺ dem ❻ das ❼ der ❽ dessen

7 男性弱変化名詞
❶ den Namen ❷ einen Praktikanten ❸ des Jungen
❹ deinem Kollegen ❺ des Juristen ❻ einen Passanten ❼ Herrn

8 前置詞の格支配
❶ der ❷ den ❸ ans ❹ dem ❺ der ❻ dem ❼ den ❽ den, der
❾ dem

9 2格支配の前置詞
❶ Trotz des Schnees ❷ Dank des Stipendiums
❸ Während der Ferien ❹ innerhalb einer Stunde
❺ Hinsichtlich Ihres Schreibens ❻ außerhalb der Arbeitszeiten
❼ Wegen des Verkehrsunfalls ❽ Anstelle der Bundeskanzlerin

10 現在形と現在分詞
❶ irreführend ❷ wütend ❸ entscheidende ❹ folgenden
❺ sinkenden ❻ bildenden ❼ zurückhaltend ❽ führenden
❾ geltend ❿ dringende

11 過去分詞の用法
❶ Wir haben die ganze Nacht getanzt.
❷ Warum bist du zu spät gekommen?
❸ Der Fehler des Schülers wird von dem Lehrer korrigiert.
❹ In dieser Fabrik wird Holzspielzeug von ihm hergestellt.
❺ gebrauchte ❻ geöffnet ❼ vertrauter ❽ reservierte

12 再帰動詞の用法
❶ (Otto schlägt vor,) dass wir uns um 8 vor dem Rathaus treffen.
❷ Ich muss mich bei Ihnen herzlich bedanken.
❸ Was willst du dir kaufen?
❹ Er hat sich wie ein Kind benommen.
❺ (Ist das wahr,) dass ihr euch für Malerei interessiert?
❻ Früher erkälteten sie sich oft.
❼ (Ich weiß,) dass er sich lange um seinen Vater gekümmert hat.

練習問題の解答

13 受動態
❶ In Deutschland wird Bier gern getrunken.
❷ Es wird dort getanzt.
❸ An der Abendkasse werden Restkarten verkauft.
❹ Wie kann Geld abgehoben werden?
❺ Vor dem Rathaus wird demonstriert.
❻ Hier darf nicht gesprochen werden.
❼ Wie wird der Käse produziert?
❽ Im Sommer wird in seinem Garten gegrillt.

14 使役動詞 lassen, 知覚動詞 sehen と hören
❶ lässt ❷ lassen ❸ lässt ❹ Seht ❺ höre ❻ lassen ❼ lassen

15 話法の助動詞の過去形・現在完了形
❶ haben, dürfen ❷ hat, gekonnt ❸ habe, müssen ❹ haben, können
❺ hast, können ❻ habe, wollen, hat, gedurft ❼ habe, gemusst
❽ habt, können

16 zu 不定詞
❶ das Angebot nicht annehmen zu können
❷ mit Ihnen sprechen zu dürfen
❸ jedes Mal dasselbe Formular ausfüllen zu müssen
❹ In der Freizeit nur das Computerspiel zu spielen
❺ euch auf den Weg zu machen
❻ mein Kind an der Uni studieren zu lassen
❼ euch vom Bahnhof abzuholen

17　受け身の現在完了
❶ 過去形：Das Fußballspiel wurde live übertragen.
現在完了形：Das Fußballspiel ist live übertragen worden.
❷ 過去形：Es ist schade, dass mein Vorschlag nicht aufgenommen wurde.
現在完了形：Es ist schade, dass mein Vorschlag nicht aufgenommen worden ist.
❸ 過去形：Wann wurden die Wohnungen hier renoviert?
現在完了形：Wann sind die Wohnungen hier renoviert worden?
❹ Der Roman ist von dem Schriftsteller geschrieben worden.
❺ Von wem ist hier geraucht worden?
❻ Mir ist ein Pullover von ihm geschenkt worden.

18　接続法Ⅱ式
❶ könnte, flöge
❷ kauften, hätten
❸ wäre, könnten
❹ gäbe, müssten
❺ hätten
❻ wäre, hätten

19　接続法Ⅰ式
❶ er habe mit der Affäre nichts zu tun
❷ dürfe hier nicht eintreten
❸ seien total müde
❹ der Zug sei zu spät angekommen
❺ habe in Wien viele Museen besucht
❻ kenne die E-Mail-Adresse von Julia wirklich nicht

20　定冠詞と不定冠詞
❶ ein, Das　❷ eine　❸ ein　❹ eine　❺ Die　❻ einem　❼ einer　❽ das
❾ den

練習問題の解答

21 定冠詞類
❶ Dieses, Jedes ❷ alle, Manche ❸ welchem, solches ❹ jener
❺ welcher ❻ jenes ❼ solchem ❽ diesen, Welchen

22 nichtの用法
❶ Das ist nicht meine Kamera.
❷ Ich kenne den Mann nicht.
❸ Wir arbeiten sonntags nicht.
❹ Wir arbeiten nicht jeden Tag.
❺ Wir gehen nicht ins Kino.
❻ Sie liebt ihn nicht.
❼ Ich trage heute nicht diese blaue Krawatte, sondern diese schwarze Krawatte.

23 keinの用法
❶ ein, kein, ein ❷ keine, eine ❸ keine ❹ einen, keinen ❺ keine
❻ keinen ❼ kein

24 指示代名詞 das
❶ Wer ist das? – Das ist Frau Krause, meine Kollegin.
❷ Das Bad hat kein Fenster. Aber das ist nicht problematisch.
❸ Die Züge haben oft Verspätung. Das ist ärgerlich.
❹ Berlin ist multikulturell. Das finde ich toll.
❺ Ist das deine Mutter? – Nein, das ist meine Tante.
❻ Ich leihe dir 50 Euro. Ist das genug?

25 単数形と複数形
❶ Fahrkarten ❷ Personen ❸ Mütter ❹ Cafés ❺ Glas, Flaschen
❻ Flüge ❼ Schlösser ❽ Gäste

26 所有冠詞の用法
❶ meine, ihre ❷ dein, Mein ❸ ihren ❹ Mein, sein ❺ unser
❻ euren ❼ Ihr

27 比較級と最上級
❶ niedriger ❷ längste ❸ mehr ❹ neueste ❺ nächsten ❻ größere
❼ am besten ❽ früher ❾ populärsten ❿ lauter

28 wo＋前置詞、da＋前置詞
❶ Wofür ❷ womit ❸ darauf ❹ Darüber ❺ Worauf ❻ darauf
❼ woran ❽ Wogegen

29 副詞の用法
❶ schon ❷ Doch ❸ denn ❹ schließlich ❺ mal ❻ ja ❼ schon
❽ doch

30 人称代名詞
❶ Wir finden sie nicht so schön.
❷ Ich schreibe sie ihm.
❸ Sie bringt ihn ihrer Mutter.
❹ Sie schickt es Ihnen.
❺ Ja, ich bringe es Ihnen.
❻ Nein, leider kann ich sie euch nicht leihen.

ドイツ語文法
早わかりシート

格変化

1 2格の用法

- 2格は基本的に後ろから前にかける。
- 冠詞を伴わない固有名詞は前からも後ろからもかけられる。

2　3格の用法

- 「暑い・寒い」は3格を使って表現。
- 動詞gehören, gefallenでは、「物・事」を主語（1格）に、人を3格目的語にする。それぞれ「～に属する、～にとってお気に入りだ」と覚える。
- 3格には「～に」の他に、「～から（奪う）」の意味もある。

3　4格の用法

- 日本語では「～に」と訳すものでも、他動詞の目的語は4格になる。
- 時を表す副詞句も4格で表現する。
- 4格支配の前置詞句を伴う場合も4格にする。

4 再帰代名詞の3格

- 再帰代名詞には3格と4格がある。再帰動詞によっては、3格と4格のいずれも目的語にできるものもあり、意味も変わってくる。
- 3格・4格のいずれも再帰代名詞も、主語自身に行為の対象が向かうことを表すので、1人称・2人称（敬称のSieを除く）では人称代名詞と同形に、3人称と親称のSieではsichにする。

5 形容詞

- 鍵の中では-en。
- 鍵の外では：定冠詞では、すべて-e。
  　　　　　　不定冠詞では、男性-er、女性-e、中性-es。
- 無冠詞のときは、形容詞の語尾が冠詞の代わりと考える。

6 関係代名詞

関係代名詞を用いる際に重要な4つのポイント
①先行詞の性と数に注目。
②関係文中での関係代名詞の格に注目。
③関係文は副文。
④関係文はコンマで区切る。

7 男性弱変化名詞

- 男性弱変化名詞では、2格〜4格において語尾が-n / -enに変化。
- 弱変化形は複数形と同形になることが多いので注意。

8 前置詞の格支配

3・4格支配の前置詞の使い分け
- 前置詞の示す場所・位置に「ある・いる」状態や、その場所・位置で動作を行っている場合→3格。
- 動作が前置詞の示す場所・位置へ向かう場合→4格。

9 2格支配の前置詞

- wegen（〜のせいで）、trotz（〜にもかかわらず）、während（〜の間）。
- 書き言葉で使われるものが多い。

動詞

10 現在形と現在分詞
- 現在分詞は「語幹＋d」。
- 主に副詞的（〜しつつ）・付加語的（〜中の…）に用いられる。形容詞化した一部のものを除き、述語的には使われない。
- 現在分詞を付加語的に用いる際は形容詞の語尾変化をする。

11 過去分詞の用法
- 完了の助動詞とともに用いて現在完了形を作る。
- 受け身の助動詞werdenとともに用いて受動態を作る。
- 動詞seinとともに用いて状態受動を表す。
- 付加語的に「〜した…」「〜された…」と名詞を修飾する。

12 再帰動詞の用法
- 助動詞と再帰動詞を用いた文では、再帰動詞は不定形にして文末へ。
- 再帰代名詞は主語に応じた変化をさせて助動詞のすぐ後ろへ。

13 受動態

- 自動詞の文を受動態にする際は、主語がなくなるため、形式主語のesで代用、または副詞句・前置詞句などを文頭に置いて主語を省略。
- 自動詞の文や主語がmanの文を受動態にするときは行為者を示さない。

14 使役動詞lassen, 知覚動詞sehenとhören

- 「〜に…させる」は「使役の助動詞lassen＋4格（使役の対象）＋本動詞」で表現する。
- 語順は、定形第二位にlassenの人称変化形を、文末に本動詞（不定形）を置く。「〜を使って…をさせる」と覚える。
- 「〜が…するのを見る・聞く」は、「知覚の助動詞sehen / hören＋4格（見聞きする対象）＋本動詞（不定形）」で表現する。

15 話法の助動詞の過去形・現在完了形

話法の助動詞の過去形・現在完了形
- 過去基本形：ウムラウトを取って語尾のenをteに（ただしmögenはmochte）。
- 現在完了形：助動詞として用いるときの過去分詞形は不定形と同形、本動詞として用いるときはウムラウトなしでge-----t。（ただしmögenはgemocht）
- 完了の助動詞はいずれもhaben。

16 zu不定詞

- ドイツ語のzu不定詞は目的語の後に置く。
- 分離動詞のzu不定詞は「前綴り＋zu＋動詞部分の不定形」で。
- 話法の助動詞をzu不定詞句にする際は「本動詞＋zu＋話法の助動詞」で。

17 受け身の現在完了

- 受け身の過去形は「wurde…＋過去分詞」、現在完了は「sein…＋過去分詞＋worden」。

18 接続法II式

- 非現実の事柄を述べるときや、ていねいな表現をしたいとき、また接続法I式において直説法現在と同形の場合には、接続法II式で表現する。
- 基本形は過去基本形（不規則動詞は過去形＋ウムラウト）、人称変化も過去形に準じる。

19 接続法I式

- 直接話法を間接話法に変えて発言を引用する場合には接続法I式を使う。
- 基本形は「語感+e」、人称変化は過去形に準じる（du –st, wir –[e]n, ihr –t, sie –[e]n）。

冠詞、代名詞…

20 定冠詞と不定冠詞

- 特定のもの、すでに話題になっているもの→定冠詞。
- ある1つの不特定のもの→不定冠詞。

21 定冠詞類

- 疑問詞welcher「どの〜?」は、後に続く名詞の性・数、文中での格に応じて変化。変化の仕方は定冠詞に準じる。
- dieser「この」、solcher「そのような」、jeder「あらゆる」、aller「すべての」なども同様の変化。

22 nichtの用法

- nichtの位置：否定したい語句の前へ、全文を否定する場合には文末へ。
- A ist/sind B.を否定する場合、nichtはBの前へ。
- 「定冠詞（類）＋名詞」「所有冠詞＋名詞」の否定にはnichtを用いる。

23 keinの用法

- 否定冠詞の変化は不定冠詞einに準じる。
- 否定冠詞keinを用いるのは、
① 「不定冠詞ein＋名詞」「無冠詞＋名詞の複数形」を否定する場合。
② 無冠詞で使われる、数えられない名詞を否定する場合。

24 指示代名詞 das

dasの用法
- 指示代名詞として、単独で使う。
① 事物や人を指して「これ・この人」「これら・これらの人々」（動詞の変化は指すもの人称と数に応じる）。
② 前の文や発言の内容を受けて「このこと・そのこと」。

25 単数形と複数形

- 複数形のパターンは主に6つ：
　　　　　　-e, -n, -en, -er, 単複同形, -s。
- 飲み物の複数形は、単位となる容器を複数形にして表現。
- BierやWeinの複数形は、種類を指す時にのみ使う。

26 所有冠詞の用法

所有冠詞を変化させる際は、「私の〜・君の〜」をセットで考え、所有冠詞に続く名詞の性・数・格に合わせる（「私の〜が・君の〜を」など）。
「私の」の「の」はmeinに含まれているので2格と混同しない。

27 比較級と最上級

- 比較級・最上級においても、付加語的に用いられる（名詞に掛かる）時には形容詞の変化語尾を加える。
- 最上級では、述語的・副詞的な用法においては am -sten の形に、付加語的用法では der/die/das -ste 〜 または die -sten 〜（複数形）となる。

28 wo+前置詞、da+前置詞

da + 前置詞：
- 前文を前置詞で受ける場合。
- 前置詞が副文やzu不定詞句を先行して受ける場合。

wo + 前置詞：
- 前半の内容を前置詞で受けて関係節にする場合。
- 前置詞に続く事柄をたずねる場合。

29 副詞の用法

- 副詞は動詞や形容詞を修飾する。
- 語尾変化・人称変化しない。
- 微妙なニュアンスや感情表現を伝えることができる。

30 人称代名詞

- 目的語の語順は、基本的には3格→4格。
- 3格・4格がどちらも人称代名詞なら4格→3格。
- 3格が一般名詞、4格が人称代名詞の場合も4格→3格。

格変化のまとめ

定冠詞と不定冠詞

・定冠詞

	男性	女性	中性	複数
1格	der	die	das	die
2格	des	der	des	der
3格	dem	der	dem	der
4格	den	die	das	die

・定冠詞類

(dieser, jener, jeder, aller, welcher)

	男性	女性	中性	複数
1格	dieser	diese	dieses	diese
2格	dieses	dieser	dieses	dieser
3格	diesem	dieser	diesem	dieser
4格	diesen	diese	dieses	diese

・不定冠詞

	男性	女性	中性	複数
1格	ein	eine	ein	—
2格	eines	einer	eines	—
3格	einem	einer	einem	—
4格	einen	eine	ein	—

・不定冠詞類 (所有冠詞)

	男性	女性	中性	複数
1格	meiner	meine	mein	meine
2格	meines	meiner	meines	meiner
3格	meinem	meiner	meinem	meiner
4格	meinen	meine	mein	meine

・疑問詞 wer, was

1格	wer	was
2格	wessen	—
3格	wem	—
4格	wen	was

形容詞の語尾変化

・定冠詞＋形容詞＋名詞

	男性	女性	中性	複数
1格	-e	-e	-e	-en
2格	-en	-en	-en	-en
3格	-en	-en	-en	-en
4格	-en	-e	-e	-en

・定冠詞＋形容詞＋名詞

	男性	女性	中性	複数
1格	-er	-e	-es	-en
2格	-en	-en	-en	-en
3格	-en	-en	-en	-en
4格	-en	-e	-es	-en

・無冠詞＋形容詞

	男性	女性	中性	複数
1格	-er	-e	-es	-e
2格	-en	-er	-en	-er
3格	-em	-er	-em	-en
4格	-en	-e	-es	-e

人称代名詞と再帰代名詞

・人称代名詞

1格	ich	du	er sie es	wir	ihr	sie	Sie
3格	mir	dir	ihm ihr ihm	uns	euch	ihnen	Ihnen
4格	mich	dich	ihn sie es	uns	euch	sie	Sie

・再帰代名詞

3格	mir	dir	sich	uns	euch	sich	sich
4格	mich	dich	sich	uns	euch	sich	sich

著者プロフィール

辻　朋季（つじ・ともき）
明治大学農学部専任講師。
慶應義塾大学文学部卒、筑波大学人文社会科学研究科博士後期課程修了、博士（文学）。在フランクフルト日本総領事館に2年間勤務、ベルリン自由大学に計3年間留学するなど、ドイツ滞在経験が豊富。
ドイツ語学習で苦しんだ経験をもとに、外国語が苦手な学習者の視点に立った授業を心がけている。ドイツ語学院ハイデルベルクや国際農業者交流協会等でも講師としても活躍中。
著書に、『だいたいで楽しいドイツ語入門』（三修社）がある。

ドイツ語校正
Markus Grasmück

もやもやを解消！ドイツ語文法ドリル

2015年3月30日　第1刷発行

著　者　辻朋季
発行者　前田俊秀
発行所　株式会社 三修社
　　　　〒150-0001　東京都渋谷区神宮前2-2-22
　　　　TEL03-3405-4511　FAX03-3405-4522
　　　　http://www.sanshusha.co.jp
　　　　振替00190-9-72758
　　　　編集担当　伊吹和真
印刷　　壮光舎印刷株式会社

©Tomoki Tsuji 2015 Printed in Japan
ISBN978-4-384-05782-9 C1084

[R]＜日本複製権センター委託出版物＞
本書を無断で複写複製（コピー）することは、著作権法上の例外を除き、禁じられています。
本書をコピーされる場合は、事前に日本複製権センター(JRRC)の許諾を受けてください。
JRRC http://www.jrrc.or.jp
eメール：info@jrrc.or.jp
電話：03-3401-2382

イラスト：とつかりょうこ
本文デザイン：スペースワイ
カバーデザイン：白畠かおり